京华通览

西山永定河文化带

主编／段柄仁

海淀镇

张宝章／著

北京出版集团公司
北京出版社

图书在版编目（CIP）数据

海淀镇 / 张宝章著． — 北京：北京出版社，2018.10
（京华通览）
ISBN 978-7-200-13849-8

Ⅰ．①海… Ⅱ．①张… Ⅲ．①乡镇—介绍—海淀区 Ⅳ．① K291.5

中国版本图书馆 CIP 数据核字（2018）第 017252 号

出版人　曲　仲
策　划　安　东　于　虹
项目统筹　董拯民　孙　菁
责任编辑　董拯民　李更鑫
封面设计　田　晗
版式设计　云伊若水
责任印制　燕雨萌

"京华通览"丛书在出版过程中，使用了部分出版物及网站的图片资料，在此谨向有关资料的提供者致以衷心的感谢。因部分图片的作者难以联系，敬请本丛书所用图片的版权所有者与北京出版集团公司联系。

京华通览
海淀镇
HAIDIAN ZHEN
张宝章　著

*

北京出版集团公司
北京出版社　出版

（北京北三环中路6号）
邮政编码：100120

网　址：www.bph.com.cn
北京出版集团公司总发行
新　华　书　店　经　销
天津画中画印刷有限公司印刷

*

880 毫米 ×1230 毫米　32 开本　8.625 印张　178 千字
2018 年 10 月第 1 版　2022 年 11 月第 3 次印刷
ISBN 978-7-200-13849-8
定价：45.00 元

如有印装质量问题，由本社负责调换
质量监督电话：010-58572393

《京华通览》编纂委员会

主　任　段柄仁
副主任　陈　玲　曲　仲
成　员　(按姓氏笔画排序)
　　　　于　虹　王来水　安　东　运子微
　　　　杨良志　张恒彬　周　浩　侯宏兴
主　编　段柄仁
副主编　谭烈飞

《京华通览》编辑部

主　任　安　东
副主任　于　虹　董拯民
成　员　(按姓氏笔画排序)
　　　　王　岩　白　珍　孙　菁　李更鑫
　　　　潘惠楼

序

PREFACE

擦亮北京"金名片"

段柄仁

　　北京是中华民族的一张"金名片"。"金"在何处？可以用四句话描述：历史悠久、山河壮美、文化璀璨、地位独特。

　　展开一点说，这个区域在70万年前就有远古人类生存聚集，是一处人类发祥之地。据考古发掘，在房山区周口店一带，出土远古居民的头盖骨，被定名为"北京人"。这个区域也是人类都市文明发育较早，影响广泛深远之地。据历史记载，早在3000年前，就形成了燕、蓟两个方国之都，之后又多次作为诸侯国都、割据势力之都；元代作为全国政治中心，修筑了雄伟壮丽、举世瞩目的元大都；明代以此为基础进行了改造重建，形成了今天北京城的大格局；清代仍以此为首都。北京作为大都会，其文明引领全国，影响世界，被国外专家称为"世界奇观""在地球表面上，人类最伟大的个体工程"。

北京人文的久远历史，生生不息的发展，与其山河壮美、宜生宜长的自然环境紧密相连。她坐落在华北大平原北缘，"左环沧海，右拥太行，南襟河济，北枕居庸""龙蟠虎踞，形势雄伟，南控江淮，北连朔漠"。是我国三大地理单元——华北大平原、东北大平原、蒙古高原的交汇之处，是南北通衢的纽带，东西连接的龙头，东北亚环渤海地区的中心。这块得天独厚的地域，不仅极具区位优势，而且环境宜人，气候温和，四季分明。在高山峻岭之下，有广阔的丘陵、缓坡和平川沃土，永定河、潮白河、拒马河、温榆河和蓟运河五大水系纵横交错，如血脉遍布大地，使其顺理成章地成为人类祖居、中华帝都、中华人民共和国首都。

这块风水宝地和久远的人文历史，催生并积聚了令人垂羡的灿烂文化。文物古迹星罗棋布，不少是人类文明的顶尖之作，已有1000余项被确定为文物保护单位。周口店遗址、明清皇宫、八达岭长城、天坛、颐和园、明清帝王陵和大运河被列入世界文化遗产名录，60余项被列为全国重点文物保护单位，220余项被列为市级文物保护单位，40片历史文化街区，加上环绕城市核心区的大运河文化带、长城文化带、西山永定河文化带和诸多的历史建筑、名镇名村、非物质文化遗产，以及数万种留存至今的历史典籍、志鉴档册、文物文化资料，《红楼梦》、"京剧"等文学艺术明珠，早已成为传承历史文明、启迪人们智慧、滋养人们心灵的瑰宝。

中华人民共和国成立后，北京发生了深刻的变化。作为国家首都的独特地位，使这座古老的城市，成为全国现代化建设的领头雁。新的《北京城市总体规划（2016年—2035年）》的制定和中共中央、国务院的批复，确定了北京是全国政治中心、文化中心、国际交往中心、科技创新中心的性质和建设国际一流的和谐宜居之都的目标，大大增加了这块"金名片"的含金量。

伴随国际局势的深刻变化，世界经济重心已逐步向亚太地区转移，而亚太地区发展最快的是东北亚的环渤海地区、这块地区的京津冀地区，而北京正是这个地区的核心，建设以北京为核心的世界级城市群，已被列入实现"两个一百年"奋斗目标、中国梦的国家战略。这就又把北京推向了中国特色社会主义新时代谱写现代化新征程壮丽篇章的引领示范地位，也预示了这块热土必将更加辉煌的前景。

北京这张"金名片"，如何精心保护，细心擦拭，全面展示其风貌，尽力挖掘其能量，使之永续发展，永放光彩并更加明亮？这是摆在北京人面前的一项历史性使命，一项应自觉承担且不可替代的职责，需要做整体性、多方面的努力。但保护、擦拭、展示、挖掘的前提是对它的全面认识，只有认识，才会珍惜，才能热爱，才可能尽心尽力、尽职尽责，创造性完成这项释能放光的事业。而解决认识问题，必须做大量的基础文化建设和知识普及工作。近些年北京市有关部门在这方面做了大量工作，先后出版了《北京通史》（10卷本）、《北京百科全书》（20卷本），各类志书近900种，以及多种年鉴、专著和资料汇编，等等，为擦亮北京这张"金名片"做了可贵的基础性贡献。但是这些著述，大多是服务于专业单位、党政领导部门和教学科研人员。如何使其承载的知识进一步普及化、大众化，出版面向更大范围的群众的读物，是当前急需弥补的弱项。为此我们启动了《京华通览》系列丛书的编写，采取简约、通俗、方便阅读的方法，从有关北京历史文化的大量书籍资料中，特别是卷帙浩繁的地方志书中，精选当前广大群众需要的知识，尽可能满足北京人以及关注北京的国内外朋友进一步了解北京的历史与现状、性质与功能、特点与亮点的需求，以达到"知北京、爱北京，合力共建美好北京"的目的。

这套丛书的内容紧紧围绕北京是全国的政治、文化、国际交往和科技创新四个中心，涵盖北京的自然环境、经济、政治、文化、社会等各方面的知识，但重点是北京的深厚灿烂的文化。突出安排了"历史文化名城""西山永定河文化带""大运河文化带""长城文化带"四个系列内容。资料大部分是取自新编北京志并进行压缩、修订、补充、改编。也有从已出版的北京历史文化读物中优选改编和针对一些重要内容弥补缺失而专门组织的创作。作品的作者大多是在北京志书编纂中捉刀实干的骨干人物和在北京史志领域著述颇丰的知名专家。尹钧科、谭烈飞、吴文涛、张宝章、郗志群、姚安、马建农、王之鸿等，都有作品奉献。从这个意义上说，这套丛书中，不少作品也可称"大家小书"。

总之，擦亮北京"金名片"，就是使蕴藏于文明古都丰富多彩的优秀历史文化活起来，充满时代精神和首都特色的社会主义创新文化强起来，进一步展现其真善美，释放其精气神，提高其含金量。

2017 年 11 月

目录

CONTENTS

发展沿革 | 优越的自然地理与人文环境 / 2

海淀古镇发展概览 / 6

 从海店到海淀镇 / 6

 街巷胡同、衙署和寺庙 / 9

 各民族共同生活的家园 / 13

 历经劫难和重获新生 / 15

地区行政中心 / 24

 海淀镇成为海淀区的行政中心 / 24

 七十年海淀区社会主义建设取得了巨大成绩 / 26

从电子一条街到中关村科技园区核心区 / 30

 中关村电子一条街和试验区 / 30

 科技园区的发展和海淀镇的改造 / 35

街巷史迹

长街御道走龙辇 / 42

太后漫赏苏州街 / 49

冰窖胡同 300 年 / 55

满洲章京军机处 / 62

商家闹市老虎洞 / 67

仁和酒店御酒香 / 74

满街飘香豆汁尹 / 77

黄庄双关帝庙 / 81

宅园名居

米万钟和他的勺园 / 89

　勺园主人米万钟是著名的清官和书画家 / 89

　勺园的修建、园景及毁圮 / 93

皇亲国戚佟国维之佟氏园 / 98

康熙亲信李煦宅园 / 103

样式雷百年祖居 / 108

礼王园称大观园 / 111

德贝子园今昔 / 121

李莲英三处宅园 / 131

乡土文脉

文人聚居的宝地 / 142

　励廷仪长住槐树街 / 142

　张宜泉授馆海淀镇 / 146

　文庆相国长住集贤院 / 149

翁心存家居集贤院 / 153

北国水乡传诗话 / 159

　　允礼赞颂海淀风光好 / 159

　　纳兰性德挥笔写海淀 / 163

　　顾太清抒写海淀特色 / 167

　　海淀通英和写海淀 / 172

　　斌良的海淀情结 / 175

　　附录：咏海淀诗选录 / 178

俗语乡谚见地情 / 181

　　土特产俗语 / 181

　　商业俗语 / 184

　　地名俗语 / 185

家喻户晓多传说 / 186

　　杨香武智盗九龙杯 / 186

　　康熙私访金龙馆 / 191

　　吕四娘杀雍正 / 193

人物风云

清代建筑世家样式雷 / 197

　　第一代样式雷——雷发达 / 197

　　第二代样式雷——雷金玉 / 198

　　第三代样式雷——雷声澂 / 201

　　第四代样式雷——雷家玺 / 202

　　第五代样式雷——雷景修 / 204

第六代样式雷——雷思起 / 206
　　第七代样式雷——雷廷昌 / 209
英使三驻北海淀 / 213
　　马嘎尔尼驻于宏雅园 / 213
　　阿美士德暂住蝎子湖公馆 / 219
　　巴夏礼被囚集贤院 / 222
民族英雄燕桂 / 229
斯诺在海淀安家 / 235
牧师教育家祁国栋 / 239
地下党员"任和尚" / 246

参考书目 / 257
后　　记 / 259

发展沿革

北京西部有三大古镇：海淀镇、清河镇、青龙桥镇。元代《中堂事记》一书中即有"海店"的记载。明代形成了南海淀和北海淀两个小村。从清代康熙年间（1662—1722）开始，由于畅春园等皇家园林在海淀修建，南北海淀与附近几座小村庄联结成一座大的村镇，这便是海淀镇。

优越的自然地理与人文环境

海淀镇的自然地理环境优越。西边是逶迤秀美的西山，山下则是一马平川的北京小平原，一直延伸到大海边。

西山为太行山余脉，蜿蜒盘桓，一座座妩媚的山峰错落矗立，青龙山、万安山、香山、天宝山、万花山、寿安山，从南到北形

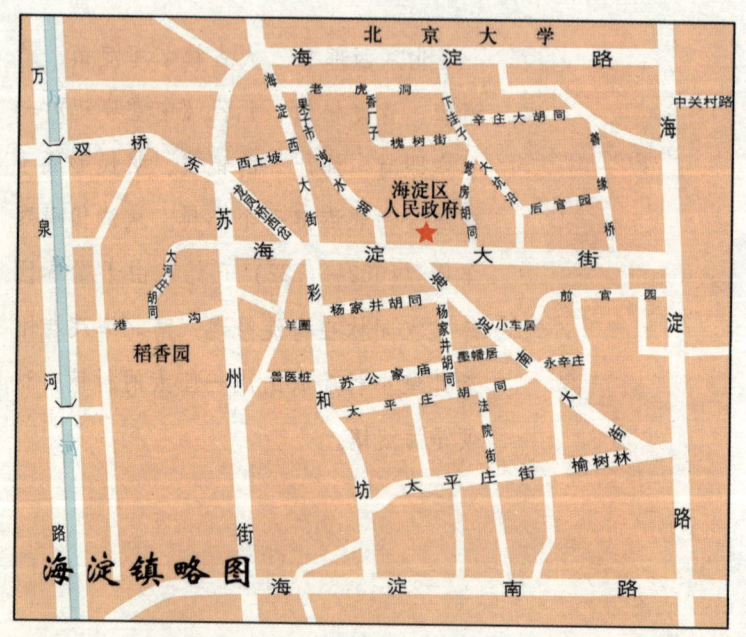

2002年中关村西区改造前海淀镇略图

西山昆明湖

成一道绿色的屏障；再往东延伸至红山，是为金山山脉，而在平原上出现了两座断山，那就是玉泉山和万寿山。

西山富泉水。"西山遍地泉，大小七十眼"。香山的双清泉，天宝山的卓锡泉，樱桃沟的水源头泉，玉泉山的玉泉、裂帛泉、迸珠泉，再加上万泉庄、巴沟等处的大沙泉、沸泉、浣花泉等，都是水量丰沛、终年涌流的著名泉眼。

无数清水泉流淌成溪流和湖泊，将京城西郊装扮成水道纵横、河流成网的水乡景色。昆明湖接纳了西山和玉泉山的泉水，通过长河往东南流进北京城，使这条清水河演变成一条民俗河、帝王河、北京城的生命之河。万泉河水流向东北方，经水磨村汇入清河，再通过温榆河流到通州运河去。西山的山洪和泉水汇入南旱河，往东南流入玉渊潭，再东流入护城河，增添了护城河水量。

昆明湖

  海淀镇周围这锦山秀水，从明代就成为京城的风景旅游胜地。皇家宗亲和朝廷官吏便在此建造了代表当时中国造园艺术最高水平的清华园和勺园。进入清代康熙、乾隆年间，更修建了多座御苑和私家园林，彻底改变了西郊这片土地的面貌。

  康熙二十六年（1687），清圣祖玄烨在海淀镇西郊紧邻，修建成清代京郊第一座大型皇家园林畅春园，后又陆续建成了西花园、圣化寺行宫及一批皇子赐园——熙春园、圆明园、彩霞园等。王公大臣的赐园自怡园、佟氏园、索戚畹园也在海淀及其北侧建成。

  雍正年间（1723—1735），圆明园得到大力扩建，自得园、交辉园等赐园修建完成。

乾隆年间（1736—1795），又兴起了一个空前的建园高潮。乾隆九年（1744），建成圆明园四十景，又修建了长春园和绮春园；十一年（1746），建成香山静宜园；十八年（1753），建成玉泉山静明园；二十九年（1764），建成万寿山清漪园。此外，连续修建了乐善园、倚虹堂、泉宗庙、钓鱼台等处行宫，还有几十座皇家赐园、私家园林以及寺庙园林。

在海淀镇周围，形成了以"三山五园"为中心、由宗室王公赐园和私家园林连缀成的硕大无朋的园林集群，具有明显的优势与特色，是中国造园艺术最高水平的代表。

第一，这里是中国皇家园林最集中的地方，是清代历朝皇帝常年生活和理政的离宫，是紫禁城外又一个国家政治活动中心。许多重大的历史事件在这里发生，对中国历史的发展产生了重大的影响。

第二，这些园林里居住着历代朝廷重臣，顶尖的学者、诗人、艺术家和军事家。很多有价值的学术典籍、文学佳作和艺术珍品，在这里创作和诞生，对中国古代传统文化的发展做出了重大的贡献。

第三，这些园林建筑，代表了中国古代造园艺术的最高水平。既具有皇家园林的恢宏气势和华贵气象，又吸纳了江南园林精巧雅致的情趣风韵和舒适宜居的实

昆明湖万寿山

用功能，确实是我国园林艺术的集大成之作，是一部立体的中国古代园林艺术的百科全书，也是中国古代传统文化的一种载体。

第四，规模空前的皇家园林建设，对海淀地区的自然环境和人文环境都产生了巨大的影响：首先，它促使海淀镇周围的水域面积有了大幅度的扩展，林木覆盖率大为提高，农业稻作面积的扩大形成独特的水乡景观，从而大大改善了京西的生态环境；同时它还给予海淀后来的发展以强大的推动力，促进了地域内商业、农业、交通和文化教育事业的发展，使海淀镇成为连接京城与西郊园林区的纽带。海淀既是西郊园林区的门户，又是为其服务的中心集镇，具有重要的地位。

海淀古镇发展概览

从海店到海淀镇

海淀镇建设在海淀台地上，它的西侧是巴沟低地，曾是永定河古河道，后来成为连绵成片的稻田。

海淀作为最初的人类居住地，可以追溯到五千年前的新石器时代。这由1997年发现的新石器晚期的遗址可以证明。如今乐家花园一带，即处于海淀台地西缘的高阜上。在两千多年前的战国时代,这里即诞生了海淀的最早的居民聚落。

海淀一名出现的年代,现在看到最早的是元代王恽在《中堂事记》的记载:"中统二年(1261)赴开平。三月五日发燕京,宿通玄北郭。六日早憩海店,距京城二十里。"最早见到的村名是"海店"。明代关于"海店""海店村"的记载还有多处,如正德年间(1506—1521)、嘉靖年间(1522—1566)的顾清在《东江家藏集》中,记载嘉靖"庚戌之变"时,曾提到"海店"之名;在镇北出土的一块成化年间(1465—1487)墓志,称"墓在太平里海店村之原";正德年间(1506—1521)一块墓志称"葬于宛平县香山乡海店之原"。另外,根据万历年间(1573—1619)沈榜《宛署杂记》记载:在县之西北,出西直门三十六里,有"北海店",其旁为小南村(庄)、巴沟村、牛栏庄等。北海店是宛平县三百二十八个行政村之一。

但是,明代著作中也有"海淀""北淀""海甸"的称呼。崇祯年间(1628—1644)出版的《帝京景物略·卷五西城外》设有"海淀"一节

长河

专题,并收录了王嘉谟的《海淀偶题》诗。万历年间(1573—1619)出版的蒋一葵《长安客话》记载,米万钟的勺园建于"北淀",即北海淀。他写道:"北淀有园一区,水曹郎米仲诏万钟新筑也。取海淀一勺之意,署之曰勺。"可见这"北淀"是个地名,而"海淀"则是湖名。明隆庆年间(1567—1572)的《天仙庙碑记》中写道:"北海店在都城西,去城廿里许。"这说明北海店即北海淀。明天顺七年(1463)太监张辉的墓志铭记载,他"葬于本寺海甸艮方吉地"。

"海店"一名,在进入清代以后便逐渐消失了。这明显的是与海淀的村镇功能的转变有关。海淀的早期发展,与蓟城通往居庸关大道关系密切。那时,海淀位于蓟城、金中都的北边约二十里处,是通往蒙古地方的大道中途的一个商业性村落。正如王恽记载的那样,故而称"海店"。元代以后,特别是明清期间,京城通向西北的大道,已改由出德胜门经清河、昌平北去。海淀逐渐转变为皇家宗亲和官吏游览赏景以至修建园林的地方,人们更重视海淀的泉水湖泊,而把过路食宿的功能减弱看淡了。于是"海淀""海淀村""海淀庄""南海淀""北海淀"的村名便流行起来了。可见最早出现的是"海店"这个村名,也是因为有"海淀"这个小湖而命名的。

海淀镇是由海淀村发展起来的。明代末年,南海淀和北海淀还是分别建在南北不同地点的两个小村庄。到清代康熙年间(1662—1722),这两个小村由于畅春园的建成,带动其迅速发展扩大,并且互相连接起来。之后,这座不小的海淀村又与四周的大河庄、太平庄、榆树林、黄庄、八家村、辛庄、佟府、娘娘庙、冰窖等十来个小村庄连成一片，成为一座占地广阔的村镇，这就是海淀镇。那些小村庄名，都变成了镇上街道的名称。震钧《天咫偶闻》写道："海淀，大镇也。自康熙以后，御驾岁岁幸园，而此地益富。王公大臣亦均有园，翰林有澄怀园，六部司员各赁寺院。清晨趋朝者，云集西直、德胜二门外，车马络绎。公事毕或食公厨，或就食肆。其肆多临河，举网得鱼，付之酒家，致足乐也。故彭咏莪有《与陈硕士饮海淀酒楼》诗。当是时，百货非上者不往，城市所用，乃其次也。"

街巷胡同、衙署和寺庙

海淀镇的主要街道有两条，一条是苏州街连接西大街，在镇西部贯通南北。这是镇上最古老的街道，是金代从中都城通往居庸关外的必经之地。另一条是南大街，这是一条从镇东南穿向西北与西大街衔接的"斜街"，是清代皇帝从北京城通往西郊御园的捷径。其他几十条街巷胡同都与此相连，形成一座盛大的村镇和四通八达的交通网。

从镇上街巷名称，就能了解这座村镇的历史地理和社会生活概况之一斑。街巷名称主要有四类：

第一类主要是与皇帝和官衙有关联的地名。如"苏州街"是乾隆为其生母仿苏州街巷修建成的长街，以便其母在万寿节时观赏类似苏州的江南风光。"军机处"因有满洲军机章京外直庐而

解放后的南大街

命名。"冰窖胡同"是环绕在畅春园冰窖的曲折小巷。"灯笼库胡同"则是为慈禧太后过万寿节时储存新制宫灯的地方，等等。

第二类是与水有关联的地名，大多与河湖、水井和泄水渠道有关。"大河庄胡同"在畅春园大宫门之南，海淀镇的西沿，濒临由南而北的万泉河；与它相邻的是"港沟"和"金丝沟"两条胡同。"泄水湖"和"三角地"是两座互相连通的小湖，湖名便成为胡同名和地名。镇上的雨水从西往东北流，流经的街巷便取名"下洼子""大坑沿"；修建过街小石桥的地方，便取名为"龙凤桥""善缘桥胡同"等。

镇上还有几条以水井命名的胡同：杨家井、大井、双井。取名"双井"，并非有两口水井，而是水井上口盖一块巨大的圆形花岗石，上凿两个圆洞，可供两个人同时汲水。井水甘甜清冽，在全镇首屈一指,所以西大街一带的居民都吃这眼井的水,连金龙馆茶馆用水也在此汲取。

第三类是以建筑物、动植物等实物命名的街巷。"观音阁胡同""娘娘庙胡同""苏公家庙胡同",都是因为街巷中有一座庙宇祠堂而得名。观音阁位于胡同东口,始建于明万历年间。这是一座佛、儒、道三教合一的庙宇。第二进大殿中有一座孔子神牌,三进大殿供奉三世佛像,并有泥塑彩绘十六罗汉像。此庙在坍塌毁圮后,改建为南海淀小学。镇上有几条以树木命名的街巷,如中部的"槐树街"和南部的"榆树林""桃园胡同"即是如此。还有一条"老虎洞胡同"广为人知,因胡同西口有石雕老虎而得名。

第四类是过去的村庄名称改变成街巷胡同名称,如南海淀街、大河庄胡同、太平庄胡同、辛庄大胡同、前辛庄胡同、永辛庄胡同、八家村胡同等。这些胡同名真实地反映了海淀镇地域发展的历史。

在海淀镇街口巷尾的明代众多寺庙的基础上,康熙、乾隆年间又重修、新建了十几座寺庙堂观。南海淀港沟东口有两层观音阁;苏州街南口有倒座观音堂,往北有清真寺;黄庄路口有双关帝庙;辛庄胡同东口有五圣祠;榆树林东口有药王庙;杨家井北口有关帝庙;老虎洞东口有真武庙;西大街北口有清梵寺,再往北有火神庙;娘娘庙街北口有天仙娘娘庙,等等。镇上共有二十多座寺庙堂观,显示了居民的多

火神庙

巡捕中营副将署原址

种宗教信仰和清廷对藏传佛教的尊崇。很多寺庙都有康乾二帝的御题匾额和碑记。

海淀镇上建立了一批官衙和为御园服务的机构和设施。康熙命将北海淀荒废的勺园改建成新园，作为翰林院公所。在后官园胡同建成了步军统领衙门巡捕中营副将署，在鸶房建畅春园汛守备署，在辛庄和双关帝庙设左哨和右哨千总官房。乾隆年间，诏准在冰窖旁设立军机章京外直庐。康熙三十九年（1700），将北海淀的土冰窖改建成砖冰窖，还在镇上设立了为皇家服务的菜库和灯笼库等。

各民族共同生活的家园

康熙年间，各地各民族官民人等大量涌入并定居海淀镇，使这里成为各民族聚居的共同的家园。乾隆四十九年（1784）祁韵士所撰海淀六圣祠碑文，形容海淀地处"御园孔道，车马之往来，商贾之辐辏，鳞次栉比，无虑数万户"。"数万户"的居民数字可能有些夸大，但海淀镇人口增加之迅速和众多，是毋庸置疑的。镇上居住的主要是汉族民众，除本地民众外，还有河北、山东、山西、河南以及东北、江南迁移来的汉民和官吏。畅春园总管大臣李煦在太平庄建有李氏宅园；内务府样式房掌案雷金玉在槐树街居住下来；更有满洲蒙古旗人随着京旗外三营的建立来此安家。至于王公贵族和朝廷重臣那就更多了。北海淀的翰林院公所迁至澄怀园后，原住所赐予郑亲王积哈纳；在它东侧新建了国戚佟国维的佟氏园，乾隆年间成为永瑺的庄亲王园；康（礼）亲王永恩在苏州街修建了礼王园。这里还居住过很多满族的王爷。蒙古王爷车登巴咱尔在南海淀修建了车王园，其孙辈那彦图住进后称那王园；另一蒙古王爷车林巴布在前辛庄也建有一座车王园；蒙古科尔沁郡王僧格林沁在倒座庙东北侧修建了僧王园，后其子伯彦讷谟祜袭爵后称伯王园；元太祖后裔、嘉庆帝外孙德勒克色楞在南大街路北修建了德贝子园，等等。

镇上的回族群众也很多，他们是从直隶大城、香河和山东德州等地来海淀寻找生路的。他们大多以经商为生，经营的主要行业是羊肉铺、糕点铺、饮食业和鲜果行。羊肉铺都畜养着一批活羊，

清真古寺

羊只从口外买进，当时不付款，以信用的方式定期结账。羊肉铺的买卖是半年忙、半年闲。从中秋节到春节是卖羊肉旺季，抓紧时机将一年的嚼谷挣出来。春季是淡季，因为羊生羊羔不能买进来。每个羊肉铺都有家传的配料秘方，炖肉时加适当的丁香、砂仁、肉桂、豆蔻、白芷等中药作调料。当烧羊肉出锅时，扑鼻的香味飘满半条街。到光绪年间，慈禧太后住在颐和园，由老虎洞的三元隆羊肉铺向御膳房和寿膳房供应羊肉，马兴魁掌柜发了大财。马掌柜为什么能获得如此优惠的待遇？因为八国联军侵扰海淀镇时，追捕一位御园总管太监，马掌柜藏起太监，支走了洋人，才使这位太监大难不死。西太后返京重住颐和园后，那位总管太监为报马掌柜救命之恩，与两膳房太监疏通好，指定由三元隆特供羊肉。

位于老虎洞的祥凝糕点铺于道光三十年（1850）开业，何掌柜是直隶三河人。虽经英法联军破坏，仍坚持收拾残局，重新开业，没有倒闭。饮食业是回族民众就业最多的行业。清真饭馆门口悬挂一个蓝色或绿色的幌子，上边印有回民冲洗时用的汤瓶图案，叫作"汤瓶牌"。回民有的专卖切糕，还有的经营烧饼铺，兼卖油饼、薄脆、炸糕、排叉、焦圈等炸货，牛舌饼、螺丝转、糖火烧等烙货，豆包、枣合叶、千层饼等蒸货，以及各种年货、元宵、粽子等节令食品。具有民族特色的回民糕点小吃，不仅满足了回民的需要，还成为各族官吏平民欢迎的食品。

鲜果行以经营新鲜水果为主，也兼营干果、果脯、蜜饯等食品，

老虎洞羊肉铺

以及刨冰、酸梅汤等饮料。同治八年（1869），山东临沂回民佟玉山在西大街开办的龙凤兴鲜果局，品种繁多，质优价廉，成为颐和园贡果的专供商。光绪皇帝的老师翁同龢，为此店题写了"龙凤兴鲜果局"和"万果来朝"两块匾额，成为无人不知的著名商店。

海淀镇上除汉、满、蒙、回各族外，还有少量的朝鲜、苗族等民族群众居住。大家互相理解和尊重各民族的风俗习惯，体现了多民族和睦聚居的特点。

历经劫难和重获新生

19世纪中叶，由于西方帝国主义的侵略，使北京城和西郊的海淀镇遭到空前的浩劫。而在以后的年代，这些灾难也持续不断地降临到海淀镇。

咸丰年间（1851—1861），西方列强为夺取在华利益，悍然发动了第二次鸦片战争。英法联军于1860年7月（咸丰十年九月）攻占大沽口和天津，逼迫清政府在通州和谈。英法谈判代表巴夏

礼和威妥玛，不但提出各种苛刻条件，还要求到京师向皇帝亲呈国书，同时要解除北京的军事防御。当要求未得到满足时，竟掉头离去。僧格林沁将巴夏礼等人逮捕，清政府将他们关押在北海淀的集贤院。然后由怡亲王、僧格林沁和九门提督三堂会审。

京东八里桥一战，僧格林沁率领的三万清兵被打得东奔西逃，溃不成军，北京城面临被攻陷的危险。曾经声言要统率清军御驾亲征的咸丰皇帝，带领后妃和王公大臣从圆明园仓皇逃往承德避暑山庄。

英法侵略军于10月6日（八月二十二日），绕道德胜门外直扑圆明园。僧格林沁率清军南撤。侵略军于傍晚占领海淀，并攻入圆明园。在二宫门率众英勇抗击侵略军的技勇八品首领任亮，壮烈殉国。侵略军开始对圆明园实施破坏和掠劫。

负责与英法联军谈判议和的全权大臣奕䜣，向逃往承德的咸丰皇帝禀报了事件的大致经过。他于二十四日在《奕䜣等奏英法联军焚掠民房扰踞园庭情不能再议抚局折》中写道："夷人扰踞园庭，焚掠民房，断不能再议抚局……二十二日早，因该夷已抄至德胜、安定二门，事机紧急，连夜约同奴才文祥出城，复给该夷照会，许以送还巴酋，并令巴酋写信与额酋，令其止兵。乃照会发去之后，该夷并无回字。至午间该夷已抄至德胜门土城外，暗袭僧格林沁、瑞麟之后。我军不战而溃，败兵纷纷退至圆明园，夷匪亦衔尾而来。探闻各城均闭，臣等即赶紧赴万寿寺，仍望再议和局，拟给照会。不料该夷已由东北两面窜至，占踞园庭，焚烧附近街市，令人发指。"

僧王园

　　此后，英法侵略军接连进行劫掠焚烧，对圆明园、畅春园、万寿山清漪园、玉泉山静明园、香山静宜园等皇家园林，以及海淀周围的皇家赐园、私家宅园，进行野蛮的抢劫，将其中无数珠宝玉器、金银珍玩、古籍字画，尽行抢走和捣毁，又将各处宏伟精致的建筑焚烧殆尽。西郊的古典园林变成一片焦土。

　　与西郊古典园林的毁坏一起，繁荣的海淀镇也遭受到巨大的灾难，被侵略强盗焚烧抢劫一空。历史典籍留下了一笔笔血染的记录。

　　咸丰十年（1860）八月二十七日，九门提督文祥等人的奏折写道："圆明园大宫门外朝房及辖哈木多被焚烧，并海淀一带铺户居民房间亦多烧毁。"

　　赘漫野叟《庚申夷氛纪略》记载："（八月）二十二日……贼

匪即于是日直扑海淀，绝无一卒一骑出而御之。遂于酉刻，焚御园大宫门，延及同乐堂、慎德堂等十八处。市肆间如娘娘庙、老虎洞各大街，王公大臣的各平泉绿野各名园，尽付劫灰。"

《庚申北略》记载："二十二日，僧王移军迤北，夷人自朝阳门绕过德胜门，薄暮经过海淀，恭亲王避走。是日德胜门外火光烛天，海淀被焚。"

《庚申实录》记载："敌人占据海淀之后，自张家湾起一带村庄市镇多被烧毁扰害，百姓不堪其苦。海淀大街及宫门亦被焚烧。"

《筹办夷务始末》记载："（圆明园）宫门内廷宇间被毁坏，陈设等物抢劫一空，并王大臣寓园及宫门外衙门朝房，及海淀居民铺户，大半焚烧。"

《殷谱经侍郎自订年谱》记载："二十三日下午……途遇逃难太监王总管，言圆明园宫殿、南海淀铺户被焚。"

福余圃《都城戒严记》记载：八月二十四日，"贼已至海淀焚掠。王与桂良、文祥均逃长兴（辛）店。文丰不行，赴后湖死。善走热河。贼遂焚掠海甸、老虎洞、成府、挂甲屯、德胜门关乡（厢）等处。贼回，土匪又搜掠，名曰扫营。城中数惊，惟望西北一带，烟焰迷天，逃者愈多，死者间有。"

这些记载及其他资料证明，英法侵略军于10月6日（八月二十二日）占领海淀，在疯狂劫掠之后，纵火焚烧了海淀镇。南海淀、老虎洞、娘娘庙和各条大街，以及附近的挂甲屯、成府等村庄的铺户民房和私家宅园，都被强盗们抢劫焚毁了。老虎洞街面上铺砌的条石也被烧红爆裂了。那鳞次栉比的商号和名园胜景，

远瀛观残迹

霎时化为灰烬。

　　总管内务大臣明善向咸丰皇帝报告逐园逐处被抢被焚情况的奏折中，还详细列举了海淀镇官营的"圆成当铺"的财产损失细账："再查海淀圆成当一座，门面房三间被焚。查该当原领成本钱五万三千四百四十八吊，又存得利钱四百七十三吊四百四十文，内钱六万二千八十一吊四百四十七文，内架货占钱三万九千七百九十六吊二百文，现存钱二万二千二百八十五吊二百四十文，以及账目什物均被抢掠。"圆成当铺是成百座商店的代表，那些民营店铺的损失就无法统计了。

　　侵略者不仅大肆焚烧抢掠，使官民财产遭受到巨大损失，而且对平民百姓和敢于反抗的人进行血腥的屠杀，造成巨大的恐怖。据《颐和园志》引清漪园笔贴式广第呈称："本年（咸丰十年）八月二十二日，有夷人扰及海淀新庄地方，并有土匪多人扑向伊

被英法联军焚毁后的清漪园大报恩延寿寺废墟

家。伊妻张氏、长子博勒敏、次子萨扬阿、女二妞、伊弟广立之妻杜氏，共人五口，见势凶情危，投水自尽。"

据大学士宝鋆在咸丰十年（1860）九月初三日的奏折中称："清漪园员外郎泰清于二十三日全家自焚殉难。"泰清家住海淀镇杨家井胡同，弟兄三人。二十三日那天，泰清手牵两位兄弟及妻与子女，他的出嫁姐妹手牵其外孙男女，还有女婢春兰，共十三人。当侵略强盗在镇上逞凶时，毅然在家集体自焚身亡。震钧《天咫偶闻》对此事也有记载："庚申之变，海淀街有内务府某人，闻御园火起，亦举火自焚，阖家殍焉。今甸镇石路西是其故居。后人为起大冢，且竖石表墓，过者致敬焉。"这座坟墓被称为"海淀褒忠墓"，碑文由董酝卿司农撰。光绪年间（1875—1908）军机大臣、协办大学士荣庆，为此题一首七绝：

>无端淀园起烽烟，妇孺同归剧可怜。
>偷者幸存忠者死，一回过此一潸然。

在泰清一家自焚殉难的第二天，同住杨家井的燕桂全家十六口先后殉难。燕桂夫人率全家十四口在家自焚。而燕桂千总则是在下洼子同其叔父燕茂林在执行巡逻任务时，与侵略者面对面拼杀，在刺死数名敌人后，因寡不敌众，才壮烈牺牲的。燕桂这位顶天立地的民族英雄为国捐躯，彰显了中华民族不畏强暴、英勇战斗的爱国主义精神。燕桂受到海淀乡亲的钦佩和赞赏，也得到皇帝的褒扬和优恤。燕桂一家遗骨被安葬于王家庄燕氏祖茔。

英法联军火烧圆明园和海淀镇以后，皇帝整年在紫禁城处理朝政，被焚的御园成为废园，海淀也日渐衰落了。震均在《天咫偶闻》里做了如实的记述："自庚申秋御园被毁，翠辇不来。湖上诸园及甸镇长街，日就零落……迨乙酉秋，余往游于长堤上，与老园户为言当日事，且指山上某处为先帝最喜临幸，某处为扈跸之臣所坐起，大有连昌宫老人谈天宝之概。乙酉冬，有诏：天下今已太平，可重修清漪园，以备临幸，改名颐和园。于是轮蹄复集。然官民窘乏，无复当年欢趣矣。"

海淀镇在历史的长河里演变着，蹒跚前行着。她受过辛亥革命的洗礼；遭受过日本侵略者的压迫，也进行过反抗斗争；又经历了国民党的反动统治。在中国共产党的领导下，海淀人民开展各种形式的反对独裁统治的斗争，终于迎来了中国人民解放军赶走蒋家军、解放海淀镇的令全民欢欣的历史时刻，使备受灾难的海淀镇获得了新的生命。

1948年12月14日，人民解放军进驻海淀镇。这座著名的京西古镇解放了，回到人民的手中。其第41军的军部即驻在海淀镇。

然而，北京西郊今日的海淀区并不是和平解放的，是经过多次的战斗才将敌军驱赶出去的。当时人民解放军第41军在军长吴瑞林的带领下，于12月12日解放了昌平全境后，即胜利南下进入了今天的海淀区界，迅速占领海淀镇。解放军大军压境，具有绝对优势，但还是遭到敌军激烈的抵抗。激战了六天，经过清河、圆明园、卧佛寺、门头村、碧云寺、新市区、五塔寺等大小14次战斗，解放军才取得了完全的胜利。敌军共伤亡10000人，我方伤亡800多人。打得最精彩的是红山口战斗，只用了20分钟即将顽固抵抗的敌22师64团击退。打得最激烈的是新市区和五塔寺战斗。我军先头团对敌人新市区"剿总"装甲营和军官教导团展开围攻时，仅用半个小时，即全歼敌人200名，结束了战斗。但我军一个班战士10人，在堵击敌人坦克时，遭到撞击和碾轧，全部壮烈牺牲。至今，当时驻军营地六郎庄，还矗立着"五塔寺战斗烈士纪念碑"，让人们永远怀念那些为解放海淀而战斗和牺牲的英雄们。

率军解放海淀镇的人民解放军第41军政委莫文骅将军，曾撰写一首长诗《壮志行》，记载和抒发了他在平津战役中的经历和感受。其中第三段内容如下：

五塔寺战斗烈士纪念碑

战胜次日正当午,直奔北平势如虎。
两月转战路三千,马不停蹄践霜露。
海淀屯兵势压城,外围肃清畅无阻。
歼敌又要保文物,任务极艰宜慎处。
奉告出城使者君,如愿和平不动武。
昆明湖畔庆新春,佛香阁上翩翩舞。
大军踏进西直门,不闻枪炮闻锣鼓。
万众笑迎人民军,红旗飘扬难计数。
沸腾欢庆入城式,领袖阅兵显英武。
古都从此庆新生,多难人民今做主。

地区行政中心

海淀镇成为海淀区的行政中心

民国时期,海淀镇隶属于北平市的第十八区。1949年1月北平市军管会决定成立第十八区,并任命了区长。区政府办公地点在海淀镇乐家花园。7月3日,十八区与西边的十七区及附近一些村庄,合并为十六区。区政府迁移到镇上太平庄二号办公。

区政府大门

1950年8月,十六区改为十三区。1952年9月1日,十三区正式定名为海淀区。1955年7月,中共海淀区委、海淀区人民政府机关迁移到镇上泄水湖1号,即清代的德贝子园旧址。1958年10月,昌平县的苏家坨、白水洼、永丰屯三个乡及邻近村庄,划归海淀区。

此后,海淀区的行政区域还有几次小规模的调整。到1964年,海淀区的四界基本稳定下来。全区所辖面积为426平方公里。下辖11个乡(公社),即四季青、玉渊潭、东升、海淀、清河、东北旺、温泉、北安河、永丰、上庄、苏家坨;下辖12个街道办事处,即海淀镇、青龙桥、蓝靛厂、甘家口、八里庄、万寿路、羊坊店、北下关、北太平庄、五道口、清河镇、中关村。全区总人口82.27万人,其中非农业人口66万多人,农业人口16万多人。

2001年,海淀镇进行全面改造,海淀区委、区政府、区人大常委会、区人民政协等领导机关,全部迁出海淀镇,并于3月30日举行了隆重的摘牌迁址仪式。后迁到长春桥路17号新址。海淀镇时期的区领导机关的四块牌匾,现由区档案馆收藏保存。

区政府搬迁仪式

七十年海淀区社会主义建设取得了巨大成绩

1984年11月底，海淀区召开了第四次党代会。区委书记张福森在大会报告中提出了"坚持改革，发挥优势，服务首都，富裕海淀"的工作指导方针，要把海淀建成"两区一基地"，即智力密集的新技术产业开发区，适合首都特点的文化教育发达、环境优美、商业繁荣、服务优良、舒适方便的文化旅游区，服务首都、富裕农民的稳定的副食品基地。三十几年过去了，海淀人民在党的领导下，经过艰苦奋斗，大体实现了这个目标。

从新中国成立初期开始，海淀区即被确定为供应首都蔬菜和果肉蛋奶等副食品的生产基地。海淀区圆满完成了这一历史任务。蔬菜种植面积由1949年的1.6万亩，供应城市蔬菜0.36亿公斤；最高时发展到6.6万亩，年供应蔬菜2.87亿公斤。从20世纪50

北京鸭

年代到80年代,海淀区的蔬菜生产面积只占全市的15%左右,但蔬菜上市量却占全市的25%左右,产量高,品种多,质量好。从1949年到1995年,海淀区提供的商品菜总量达100亿公斤。海淀区特产京西稻,米质优良,一直由国家统一收购,专仓保管,作为特供大米。在20世纪80年代,向市场供应2亿公斤优质京西稻米,成为普通百姓家的绿色食品。

大棚里的菜畦

进入21世纪,随着社会主义市场经济的发展,首都副食品改由全国各地供应。海淀失去了副食品基地的生产任务和城市功能,蔬菜的计划供应任务也取消了。

海淀区已经建设成为著名的风景旅游区。借助古典园林(包括寺庙园林)的基础优势,先后建成了颐和园、圆明园、香山、

广阔的菜田

紫竹院、玉渊潭和北京市植物园等六大公园，以及万寿寺北京艺术馆、五塔寺石刻博物馆、大钟寺古钟博物馆、碧云寺、大觉寺、团城演武厅等旅游参观点；又新建了军事博物馆、中央电视塔、北京航空馆、中科院北京植物园等一批人文景观，以及孙中山纪念堂、双清别墅、李大钊烈士陵园、辛亥滦州革命先烈纪念园、曹雪芹纪念馆等历史文化参观点。近年又开辟了百望山、鹫峰两个森林公园和凤凰岭、阳台山两个自然风景区。为配合旅游事业的发展，修建了一批星级旅游饭店等服务设施；开展了众多形成传统的文化旅游活动，如桃花节、樱花节、荷花节、竹文化节、红叶节等。风光秀丽的海淀区，成为全国著名的旅游热点之一，年接待游人2000万人次以上，其中海外旅游者近百万人次。

海淀区已建设发展成为世界著名的教育和科学技术的密集区。新中国成立初期，在北京城市规划中，海淀区即被确定为科学教育区。至今已成为高校汇集、专业全面、名师集中、学子云集的全国高等教育中心地区，有北京大学、清华大学、中国人民大学、北京师范大学等高等院校38所，大多为全国重点大学。有中共中央、国务院、中央军委培养高级干部的中央党校、国家行政学院、国防大学，还有中央社会主义学院、中央团校等。

海淀区已经形成了包括高等教育、基础教育、幼儿教育、职业教育、成人教育和终生教育在内的完整的教育体系。海淀区的基础教育全国闻名，名校林立、名师荟萃。人大附中、清华附中、北大附中、首师大附中、一〇一中，中关村一小二小三小、人大附小、六一幼儿园等，以其高教育教学质量而声名远播。三十多年来，在国际奥林匹克学科竞赛中，海淀区共获奖牌 20 余枚，居全国之冠。海淀区在 20 世纪 80 年代先后普及了九年制义务教育和高中阶段教育，有 30% 左右的高中毕业生能进入高等院校学习。近几年每年有 1 万多名高中毕业生升入大学，正在迈入普及高等教育的门槛，成为全国平均教育年限最长的地区之一。全区大专学历以上的人，占总人口的 1/3 以上。

1954 年，中国科学院入驻中关村，海淀区 30 多个研究所逐步建立。其后中国农业科学院、中国林业科学院以及邮电科学研究院、电子科学研究院、石油化工科学研究院、钢铁研究总院、水利水电科学研究院、空间技术研究院等，共 100 多个科研院所，涵盖了几乎全部专业，散居在全区各个地区。这些科研单位，在我国的科学技术发展中，起着关键的带头作用。生活和工作在海淀区的中国科学院和工程院院士，有 400 余人，占全国两院院士总数的 40%。在海淀区工作的专业科技人员有 20 多万人，约占常住人口的 15%。

海淀区解放初期属于农村地区，人口只有 20 万。现在已建成现代化新城区，常住人口达到 190 万，还有流动人口 80 多万。

海淀区在社会主义建设中取得的巨大成绩，是中国共产党正确领导的结果，是全区人民艰苦奋斗的结果，是社会主义制度优越性的体现。海淀镇，作为海淀区委、区政府所在地，发挥了重要的历史作用。

从电子一条街到中关村科技园区核心区

中关村电子一条街和试验区

在改革开放初期,中央相继做出教育改革和科技改革的决定,出台了一系列改革开放的政策。这大大激励和鼓舞了海淀镇周围的中科院和高等院校的科技工作者。被誉为"中关村第一人"的陈春先和他的伙伴纪世瀛、崔文栋等人一起,创办了中关村第一家民办科技企业——北京等离子学会先进技术发展服务部。

时年46岁的陈春先是中国研究核聚变的几大魁首之一,时任中科院物理所一室主任、北京等离子学会副理事长。纪世瀛是陈春先同一室卓有成就的年方36岁的工程师、北京等离子学会核聚变工程分会秘书长。陈春先在参观美国硅谷之后,决心借鉴外国的经验,把科技成果转化为社会财富,冲破旧的科研体制的束缚,建立新的机构。他们在市科协领导的支持下,在物理所一间存放废旧物资的小仓库里,召开了成立大会。这是新技术产业区的第一只春燕,代表了科技改革和发展的新方向。

服务部的第一项工作,就是与海淀劳动服务公司共同建立"海淀新技术工厂",开办"西颐电子服务部"和"电工电子培训班"。

20世纪80年代中关村电子一条街

工作获得收益后,陈春先发给纪世瀛等3人每月7元的津贴,自己则分文不取。但是,物理所有的领导认为,服务部的做法扰乱了科研秩序,腐化了科技队伍,把国家几十年积累的科研成果贩卖出去,是"科技二道贩子"。陈春先等人受到了空前的压力。

这时,新华社北京分社副社长周鸿书了解到此情后,便派记者潘善堂调研撰写了《研究员陈春先"新技术扩散"初见成效》一文。在肯定服务部的成绩和方向之后,写道:"陈春先进行高科技成果、新技术扩散试验,却受到本部门一些领导人的反对。如科学院物理所个别领导就认为,陈春先他们是搞歪门邪道,不务正业,并进行阻挠,使该所进行这项试验的人思想负担很重,严重地影响了他们继续试验的积极性。"

中央领导同志看到了新华社大内参《内部动态清样》中潘记

者的文章。中共中央总书记胡耀邦、国务院副总理方毅、中央书记处书记胡启立等，先后做了批示，明确指出：陈春先带头开创新局面，可能走出一条新路子，一方面较快地把科研成果转化为直接生产力，另一方面多了一条渠道，使科技人员为四化做贡献。

中央的批示精神，使陈春先等人受到极大鼓舞。他们找到海淀区科委主任胡定淮，提出在服务部的基础上，建立民办性质的新技术研究所的设想。此一创新设计得到海淀区委书记和市科协的赞同与支持，成立了北京第一家民办研究所——华夏新技术开发研究所。1983年4月15日，海淀区政府正式批准华夏所为独立核算、自负盈亏的集体所有制事业单位，对外有经营自主权。陈春先任所长，纪世瀛、崔文栋任副所长。陈春先后来谈道："作为一名科技工作者，作为一个中国人，看到中关村走向繁荣，我很高兴。中关村的发展道路上有一块石头是我铺下的，我很欣慰。"

在陈春先、纪世瀛的服务所的带动下，中科院和高等院校的科技研究人员，纷纷走出试验室和书斋，下海创办新技术企业。这便形成了名重一时的"中关村电子一条街"。这条街，起初是指白颐路的海淀镇东部、北部两侧，与中科院、北京大学相邻的这段街道，以及向东、向北延伸的地段。到1984年年底，已经有40家科技企业诞生，包括科海、华海、信通、联想、时代、科理、四通、京海等。

电子一条街上最著名的企业是"两通两海"，即四通、信通、科海、京海。这四家企业中成立最早的是京海。中科院计算所的王洪德等七名科技人员，借调到海淀区联社，带领几十名知青，成立了"京海计算机技术开发公司"。由于适应市场机制以及产品和技术适销对路，很快就创造出高效率和高利益。从1983年到1987年，产值和利润年均增长分别达到390%和522%。1987年企业的总产值超过1.3亿元，利润达1002万元。

科海公司是海淀区委书记贾春旺与中科院副院长叶笃正商议，由两家共同创办的。物理所科技处副处长陈庆振任总经理。从1983年到1987年，科海公司运用中间试验厂和开发部这两种"孵化器"，共开发了中科院的160多项科技成果，辐射到全国20多个省市，共创产值2.1亿元，实现利润2066万元。

四通公司是中科院等单位的一批科技人员辞职后，与四季青乡联合创办的。到1987年，已成为研发、生产和销售中外文打字机系列产品的著名企业，销售总额达到3.17亿元，人均利润6万元，人均税收达到1.53万元。

信通公司是由中科院计算所、科学仪器厂和海淀区新型产业联合公司，三家各投资100万元，于1984年11月组建，是电子街上第一个自称股份制的信息技术开发企业。金燕静任总经理。从1985年到1987年，其销售额均以330%的速度增长，1987年总销售额达到7700万元，人均80万元。

在此期间，海淀区政府将"两通两海"等十家骨干企业，作为区属企业进行管理，帮助企业健全经营管理制度，坚持企业实行"四自原则"（自我组合、自筹资金、自主经营、自负盈亏），并在税收、信贷、人才等方面给予多种优惠待遇，改善企业经营环境，促进和引导企业迅速发展。

1986年11月,中科院做出《中国科学院新技术开发性公司开办与管理的规定》和《关于新技术开发公司与院、所关系有关事项的决定》,施行"一所两制"(所内的计划体制和所办企业的市场体制)等新办法,实现了科技体制的新突破。1987年,中科院所属院所的新技术企业,占电子一条街上企业总数的1/3以上,从业人数达到总数的近半,加速了电子一条街的发展。

1987年年底,中关村新技术企业发展到148家。其中属于电子计算机技术的97家,占总数的65.5%。从业人员4275人。技工贸总收入9亿元。

在中关村电子一条街大发展的情势下,海淀区的人民代表和政协委员们,提出了建立新技术开发区或经济特区的建议。北京市政府和国家科委联合向国务院提交了关于在中关村地区建立北京市新技术产业开发试验区的报告。1988年5月10日,国务院正式批准,划定以中关村为中心的100平方公里范围为新技术产业开发试验区,并赋予18项优惠政策。北京市政府《试验区暂行条

试验区总部大楼

20世纪90年代中关村电子一条街

例实施办法》中规定：试验区办公室是海淀区政府的派出机构，全面负责试验区的具体工作。

　　试验区的建立，是海淀区高新技术产业发展过程中质的飞跃。它使中关村电子一条街从技术人员自发的科技创新活动、多元的管理干预体系和分散的发展目标取向及随机的企业规划布局，转入由政府积极引导支持，有规划有政策有统一管理组织的新技术产业发展区阶段，被纳入国家改革和国民经济发展战略总格局。

　　北京市新技术产业开发试验区总部的大楼，矗立在海淀镇海淀大街东头路北。

科技园区的发展和海淀镇的改造

　　新技术产业开发试验区的工作，按预定的计划目标迅速发展。

在建设上地信息产业基地的同时，又开始建设用地450多公顷的永丰高新技术产业基地。到1998年，试验区的新技术企业发展到4500多家，技工贸总收入达到了661亿元，上缴税费总额19.6亿元，出口创汇5.6亿美元。

1999年6月5日，国务院批复建立中关村科技园区。一区五园，包括海淀园、丰台园、昌平园、酒仙桥电子城科技园、亦庄科技园。海淀区政府领导的北京市新技术产业开发试验区更名为中关村科技园区海淀园。海淀园面积217平方公里，包括中关村周围的中心区和山后的发展区；中心区包括一个核心区和两条主要轴线。海淀镇正处于核心区之内。

为了适应科技园区海淀园发展的需要，海淀区政府在2000年制订了在海淀镇内开辟和建设中关村西区的规划并付诸实施。规划地域51.44公顷，东起白颐路（中关村大街），西至彩和坊路，北起北四环路，南至丹棱街。在此范围内建筑面积150万平方米，总投资为150亿元。主要建筑功能为金融贸易、科技贸易用房，以及少量的行政办公用房和服务设施。规划区域内的中关村广场在2005年正式开放。宏伟的规划现在已经基本建设完成。

现在，海淀镇的行政区划名称已经不存在了，但人们仍习惯性地称它为海淀、海淀镇。它归海淀街道办事处管辖。

如今的海淀镇，较之康熙乾隆年间已经大大地缩小了。北海淀已经全部划入北京大学校园范围内。从西端火神庙向东延长线以南，到南边槐树街一线，这中间是在2004年修建的北四环路主路、辅路及路旁绿地。即北四环路为海淀镇的北界，南界为海

今日中关村

淀南路，中关村大街为东界，万泉河路为西界。

中关村西区的建设彻底改变了海淀镇的面貌。一是道路变了，变得笔直宽敞，交通方便。原来的道路因功能、地势、形成先后不同而曲折回环、横斜交错，小胡同更是上坡下洼，时宽时窄，高低不平，起风扬尘，遇雨泥泞，行路很不便利。如今是统一规划，通畅便捷。镇内的主路是横二竖三。东西大街一条是海淀大街，一条是丹棱街；南北大街一条是海淀大街，一条是苏州街，中间还有一条彩和坊路。这几条主路联通着海淀西街，海淀东一、二、三街，善缘路等街巷胡同，八通八达，出入易行。地下修建了1.9公里长的交通环廊，有地下停车位4000个，顺畅的道路可以连通地上每一家商场和楼座，避免了拥堵或相向交叉行驶。

中关村西区

二是建筑变了,变得群厦林立,新颖壮观。过去的海淀镇,虽经几十年的改造建设,已变得楼房四起,新屋连栋,具有了一定的现代气息。但楼式单调,设计呆板,标准不高,过多的平房低舍使多数胡同显得陈旧昏暗,而且设施落后,不能满足居民的要求。如今,几百万平方米的几十座高楼拔地而起,设计时尚新巧,建筑材料高级多样,楼宇坚固美观,高低错落有致,一派现代化新兴城市的风貌。那傲视群楼、造型独特的弧形摩天巨厦——中钢国际广场,成为海淀镇新的地标性建筑。西区的地下修建了一座巨大的商场,几条连通的街巷布满一家家商店,又是一座地下商城。

三是城市功能变了,变成一座繁华富庶的科技新城。几年以前这里还是地区行政中心,几千名公务人员活动的场所,海淀区的领导干部在这里决策和指挥。如今它是各方科技精英和新技术企业家的天堂。

他们在海淀园办公楼或其他适宜的场所交流经验、互换信息,

共享研发和创新的欢乐,也体味创业的艰辛。它是高科技商贸中心,海龙大厦、鼎好电子城、E世界数码广场、中芯大厦等,吸引着成千上万的顾客,成为北京乃至全国规模最大、人气最旺、成交量最多的电子卖场。它是颇受知识界欢迎的图书文化市场。以特色商业街——海淀图书城为中心,与西侧的中关村图书大厦

海龙大厦

和东侧的第三极书局，形成一座读书人的乐园，开展丰富多彩文化活动的阵地。

四是环境变了，变成一座绿树荫浓、千红万紫的大花园。这里虽然高楼林立，却能深切感受大自然的魅力。每条街巷两侧都是树木葱茏，碧草如茵，花香四溢。设计师吸取法国拉芳斯广场、德国波茨坦广场、香港中环广场的先进经验，设计修建了10万平方米空中花园与亚洲最大的音乐喷泉，尽展都市自然美景——这便是中关村广场。乐家花园的小桥流水和假山剑石，将游人带进美妙的古典园圃之中。旺盛生长在路旁楼后的几十株古树，向人们诉说着古镇几百年的历史。镇西那澄清的万泉河水在汉白玉栏杆下缓缓地向北流淌，送来一阵阵沁人的清爽。举目西眺，可以望见蓝天白云下那淡紫色的西山和玉峰塔影以及金碧辉煌的佛香阁。

海淀古镇在改革开放年代焕发了青春，变得既古典又现代，既雄伟又优美，既繁忙又休闲，真正是北京的一块难于寻觅的风水宝地。

海淀图书城

街巷史迹

明清时期，特别是康熙、乾隆年间御苑和私家园林的建设，使海淀镇转变成为北京西郊的一片繁华之地，各类与皇家、官衙有关的街巷应运而生。与此同时，为满足官廷与朝臣生活需求而兴起的各类店铺，也带动了海淀镇商业的发展，从而产生了一批商业中心。这些街巷的名称及其背后的历史，成为海淀镇文化的重要组成部分。

长街御道走龙辇

康熙二十六年（1687）玄烨长住畅春园以后，为了交通方便，就修建了从西直门到畅春园大宫门的石板御道。雍正、乾隆年间，这条御道修建到圆明园、清漪园、静明园、静宜园的宫门口。

这条御道斜穿海淀镇，从镇甸东南角的黄庄双关帝庙，经过海淀南大街、西大街，直达西北方的清梵寺，再西去畅春园。雍正、乾隆年间，御路往北延伸，从畅春园和宏雅园之间北行，通向圆明园；还增建了从西大街北口，东经老虎洞，在东头北拐，顺着弧形的娘娘庙街通向西北，在宏雅园西北墙角外与清梵寺北行的御道连接，使海淀镇上石板大道的长度增加了近一倍。

清代皇帝将土路修建成石路，免除了坑洼泥泞之苦，且能长期使用，一劳永逸，即使大雨倾盆，依然能平稳快速通行。雍正帝胤禛在讲到石路的优越性时，在御制石道碑文中写道："王政所重，宜以时修治，且期坚固永久，使仕宦商旅，车马往来，胥游于荡平正直之路，朕心慰焉。"

但是修建石道造价昂贵，耗资巨万。京城流行一则"一尺石道五两三"的谚语。此话并非夸大之词，而是有事实根据。雍正年间修筑广宁门外一条石路，长2461丈，共实销银138100两，平均每尺用银5.6两。街道两边是用长方形的花岗岩石条铺成，中间是用白灰、黄土、粗沙掺和成的三合土夯实，路旁有排水沟，保证御辇行进时畅通无阻。

从颐和园到西直门的御道共长3863丈，合25里多。从黄庄到西直门外高粱桥倚虹堂行宫，共设九处"堆拨"，驻有相关人员，负责安全保卫、道路保洁和撒土泼水工作，在御辇经过时"清水泼街，黄土垫道"。在海淀镇上这一段石路，从西栅栏至龙凤桥长有100丈，从龙凤桥至黄庄双关帝庙290丈，共390丈，合2.5里路。这段御路平时是官员百姓和货商通行的路，路旁商家林立，店铺连栋，街筒子里挤满熙攘购货和南来北往的货车及人群。而当皇帝后妃的龙辇凤轿驶过时，则是百姓回避，人群消失，只见护军肃立，万骑云从，那浩荡的仪仗队伍衔枚疾走，从清梵寺前向北远去了。

每当万寿盛典期间，皇帝往返于御园和紫禁城之间。海淀镇临街店铺的门面被修葺油漆一新，两旁搭建无数龙棚、经棚、彩坊、戏台和园林小品。各衙门和各直省官员在路旁跪迎御辇，夹道罗拜，成为海淀镇最为热烈和辉煌的历史时刻。

康熙五十二年（1713）三月十八日是玄烨六十整寿，举办了隆重的万寿盛典。三月十七日这天，皇帝从畅春园起程，奉送皇太后进宫。进入海淀镇，在清梵寺有诸皇子建造的万寿经坛，有演剧彩台一座，旁竖两根幡竿。寺前彩坊书写巨幅对联："普天共效三多祝，大地齐呼万岁声。"行至太平庄，是直隶九府大臣和百姓祝寿之区。有通州一百余名回民进鱼的标识，象征着"圣寿有余，吉庆有余，年年有余"。

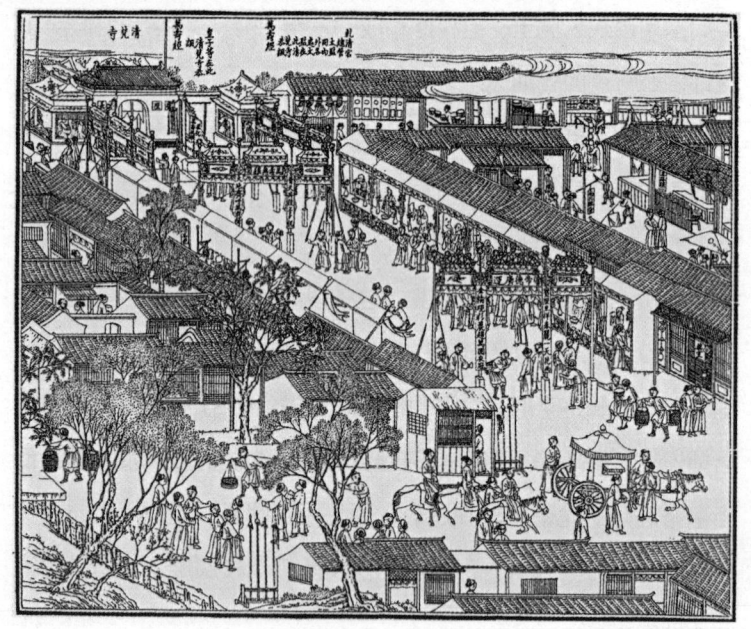

清梵寺

穿过一座彩坊,路左有一座演剧大彩台,台前彩旗飘扬,这是淮扬地区臣民的祝寿场所。有一座淮扬徐沿河耆民和官兵建造的黄幢彩坊,坊上书写:

圣驾临视河工,指示方略
小民丰衣足食,感戴天恩

彩坊前,一座万寿亭。亭内陈放着进献给皇上的精绣龙袍帽鞋,还有许多地方土特产。大街对面有相似的陈设,那是漕河旗丁们进献的礼品。

从黄幢彩坊前行，是夹路彩廊悬挂绘制的《耕织图》。彩廊长达四十楹，每楹有玄烨御制《耕织图》题诗一首，并一幅图画。绘有织女和农夫有关的农桑故事，全部是用精致的丝绢绣成。

走过葡萄长亭和百蝶小轩，御道向东南倾斜。这条斜街上点景集中在小关帝庙、兴隆庵和黄庄关帝庙。

小关帝庙设有经棚，庙前是一座气势恢宏的龙棚。龙棚前彩棚上书写"寿齐天地"四个大字。彩坊左右是鼓亭。庙西搭一座歌台，表演激越豪放的甘凉西域音乐歌舞，却以演唱北方曲目开场，以童子表演结束。小关帝庙以东，街道两侧赫然耸立着两座巧夺天工的彩坊，左坊书"鸾翔凤翥"，右坊书"日升月恒"。

兴隆庵有天文和算法方面的臣工建造的庆寿经坛。庵前建一座火树银花灯坊，五光十色的炫目灯光，映照出一副红彤彤的对联："百生逢此日，万寿愿齐天。"灯坊左右是对称的两座灯楼。灯楼内万灯齐明，射出一缕缕的强光，在天空中聚集成"万寿"二字。灯棚东边是一座表棚、两座歌台和一座雕木演剧台。歌舞表演以童子叠罗汉为压轴好戏。

通过有60丈花栏卫护的杏花村，就来到了黄庄关帝庙。庙旁有一座松亭和100余丈长的松墙。春风吹动松枝，散发出阵阵清香。

在松墙的对面路左，建造起一座凌空耸立的鳌山重台，高4丈5尺，台周21丈。下台为剧台，演出喜庆祝寿剧目；上台为歌台，演出节节高节目。重台前是一块牡丹圃和一方荷花池，鲜花盛开，锦鳞游泳。重台后是一座高高的假山，山坡绿草如茵，林木葱茏。

这些由缯布和丝绸精巧制成的花草林木，栩栩如生，几可乱真。假山前修建一座御台，是直隶臣民恭迎皇帝的接贺处。街道两侧分别建立"多士嵩呼"和"老人华祝"彩坊。

在路左"多士嵩呼"彩坊前，修建了一座高5丈5尺的三层"万寿宝阁"。造型独特，气势宏伟，描金绘彩，装饰华丽，颇具皇家气派。阁前是一座华美绝伦的"日华云烂"彩坊。坊侧是两道长长的描金彩屏，描绘着丰富多彩的山水人物和亭台楼阁。彩屏下依次蹲踞着六只高1丈2尺的彩狮，英武雄壮，生动逼真。

万寿宝阁

从彩狮前行，路右一座金碧影壁，书写金地红字"天子万年"四个楷书大字。影壁左边是包衣上三旗大臣恭建的庆寿龙棚。棚

天子万年影壁

外幡竿上飘扬着彩幡。御辇走过一座演剧台和两座夹道彩坊,这才走出了海淀镇,向高梁桥和紫禁城前进。

乾隆五十六年(1791),是乾隆八旬大寿。万寿庆典更是热烈隆重,达到历史的最高峰。海淀镇上的点景布置和拜寿官员及民众之多也是无与伦比。清梵寺北边建一方亭,南边一座假山,上建一座莲花亭,亭下有山洞。路东一座彩坊前,有吏部和户部官员庆寿的人群。稍折而东,为重檐演剧台,南边是浙江和福建的官员,北边是礼部、兵部和刑部官员庆寿的地方。迤东为百子图,山中有洞门,一群双丫倭鬈的儿童,手执八宝及旗伞铙鼓等物,或骑竹马,或控云虬,周旋嬉戏,出入盘桓。后边则是峰峦排列,远望好似圆峤方壶仙景一般。过此山即是永新庄了。庄东方亭前，有工部官员祝寿的地方。亭后假山上有一座演剧台和重檐六方亭。亭东有粉墙一曲，绘制石壁天池之胜。粉墙北边绀殿飞甍，有两寺屹然遥对，那就是黄庄双关帝庙了。

光绪二十年（1894），是慈禧太后六旬万寿庆典，由礼亲王世铎和庆亲王奕劻负责筹备。海淀镇的铺户门面、清梵寺的庙门以及街道两侧的墙壁、门楼等建筑物，都被修缮油刷一新，花去国帑银65000两。由样式雷设计绘制了沿途拟建的龙棚、龙楼、经棚、戏台、牌楼、亭座、园林等各类点景，并在热火朝天地加工制作和搭建。

但是，这一年正值中日甲午战争期间。不久清廷战败，签订了丧权辱国的《中日马关条约》。群臣和百姓对慈禧奢华侈靡的万寿庆典极为反感，并采用各种形式予以反对。清廷无奈，只好将庆典局限于在紫禁城内举行。但是这时户部已为庆典支出银541万余两。海淀镇大街两侧虽然经过修饰油刷，但并没有搭建万寿点景，也没招来拜寿的官员和百姓，镇甸御道上的庆寿场景也永远绝迹了。

民国时期，西直门通往御园的石板御道，改建为柏油马路，石板道在一侧成为人行道。后来，西直门至颐和园的游览路线，改经白石桥北行，仍然穿过海淀镇。新中国成立后，大道由黄庄往北转西，横穿海淀镇北部，从火神庙往北拐，原来镇内斜行御道成为一条辅路。1958年将御道遗留的石板全部拆走，铺设到天安门广场去了。21世纪初，改造海淀镇、建设中关村西区，南大街全部拆除，只在南大街东头双关帝庙前留下一段斜路，与原西大街相距数百米，标志着昔日御道的位置。

太后漫赏苏州街

在海淀镇西南部有一条苏州街，北起西大街与南大街衔接交界处，南至镇甸南缘的倒座庙。这条街道两旁大都是商家和居民住户。路西有著名的八一中学，还有一座古代园林礼王园和一座古老的清真寺。

海淀清真寺始建于明代，为海淀镇及周围众多回民群众"拜念课朝"之所。原寺门开在灯笼库胡同，光绪年间重新修葺时移至面对苏州街。此寺占地30多亩，门额嵌"清真古寺"石匾，屏门上书"都可宜"阿拉伯文字。院落中主体建筑为礼拜殿，五开间，两卷前出厦，长47米，宽45米。殿前有汉白玉石月台。大殿悬三块匾额，中为"只一独尊"，左为"理明道正"，右为"公望有为"。殿正中抱柱上悬一副木刻楹联："化人化物能化化，生天生地更生生。"清真寺内还辟有菜园和义地。

倒座庙是一座两层三间楼阁式的观音堂。因为坐南朝北，庙门正对苏州街，所以被称为"倒座庙"。楼阁为箍头脊硬山筒瓦顶，前出廊，上层建有宝瓶样栏杆。殿内正中置有紫檀木雕刻神龛一座，内供木雕千手千眼观音漆金像一尊，高1.45米，造型生动,工艺水平很高。楼下供奉观音、文殊、普贤三大士泥塑坐像三尊。佛像前置供桌一张。大殿前有东西配殿各三间。院内立石碑一座,碑文列记捐银修庙善士名录。庙前有水井一眼,石水槽一个,磨刀石一块。当地百姓传言,闯王李自成从昌平南下攻打北京城,路过海淀镇时曾在此寺磨刀。闯王刀刃锋利,英勇无敌,是因为沾了倒座庙观音堂的仙气。

解放后的倒座庙

其实,海淀镇上的苏州街,只是苏州街的北段。整条苏州街是从畅春园开始,穿过海淀镇西部,从倒座庙南伸,直达长河北岸的万寿寺门前。这条长三四里的苏州街,是清高宗皇帝弘历在乾隆二十六年(1761)为他的生母钮祜禄氏皇太后七十大寿修建的。正名为万寿街,俗称苏州街。

乾隆倡导"以孝治天下",他身体力行,对钮祜禄氏颇为孝顺。他把畅春园修葺改建成皇太后宫,将生母奉养在九经三殿后的春晖殿,又修葺了凝春堂、集凤轩和蕊珠院等避暑凉殿。他按时定省问安,率后妃侍膳,乘船游湖赏花。春节期间将皇太后迎至圆明园长春仙馆居住,到同乐园听戏,到买卖街游逛宫市,到"山高水长"观赏烟火。端午节在福海看龙舟竞渡。腊月二十三日过

2000年的苏州街　　　　　今日苏州街

小年回城到西苑三海观看冰嬉。凡是南巡北狩，游幸四方，大多奉皇太后同行。

乾隆十六年（1751）正月至五月，乾隆宣称要考察官方戎政，阅视河工海防，了解民间疾苦，首次南巡江浙。弘历侍奉皇太后同行游览。

皇太后首赴江南，被美丽的江浙风光所吸引和感动，以至回京后仍念念不忘。这年十一月二十五日，时逢皇太后六十大寿。乾隆帝将瓮山更名万寿山，在山麓修建大报恩延寿寺，以为礼忏祝嘏之地。圣寿前五天，弘历亲赴畅春园躬请皇太后回宫，身着龙袍衮服，骑高头大马前导。王公大臣、诰命妇人身穿蟒袍补服和彩衣，夹道跪迎。皇太后乘舆轿进宫，前拥后扈，在布满经坛、戏台、彩坊和江南风光点景的长街前进。进城后，在新建成的寿安宫庆寿，大摆酒宴。皇帝亲率皇后妃嫔及皇子皇孙侍宴，使皇太后尽享天伦之乐。之后，又为皇太后上加徽号，尊崇为"崇庆皇太后"，举行进册宝礼。

乾隆二十六年（1761），恭逢圣母皇太后七旬大寿。为满足太后对江南美景的遥念和向往之心，便修建成一条苏州街。昭梿《啸亭杂录》写道："乾隆辛巳，孝圣宪皇后七旬诞辰，纯皇以后素喜江南风景，以年迈不宜远行，因于万寿寺旁造屋，仿江南式样。市廛坊巷，无不毕具，长至数里，以奉銮舆往来游行。俗名曰苏州街云。"吴长元《宸垣识略》也有记载："万寿街在万寿寺西，路北设关门，有长衢列肆，北达畅春园，居人称为苏州街。"这条长街排满了商家店肆，尽仿苏州式样。店内陈列的多为苏州特产，连商家经营管理人员以及厨役跑堂也是从苏州选派。人人伶俐俊俏，个个熟操吴侬软语。穿

乾隆皇帝朝服像

皇太后庆寿图（局部）

过这条繁华的商市，就像身临真实的苏州城中。亲历苏州街的诗人魏之琇记下了自己的观感：

楼馆青红百货俱，水村山郭似姑苏。

小人近市真堪羡，翻作人间火隐图。

在修建苏州街前后，还在乾隆十六年（1751）和二十六年（1761），两次重修万寿寺。因为在皇太后整寿大庆之际，乾隆认为："海内臣民举行庆典，朕恭奉大安舆由畅春园道西直门至大内。銮御所经，兹寺适居其中，且喜其嘉名符祝厘之意。命将作新之，更加丹雘，绣幡宝铎，辉耀金碧，以备临览。"（弘历《御制敕修万寿寺碑记》）

十一月二十五日，乾隆恭请皇太后乘大安辇进宫，沿途漫赏苏州街。万寿寺有上千名僧人诵经祝寿。进大内寿安宫后，每天皇帝都率领后妃等人侍膳、赏戏，又为皇太后上加徽号。

皇太后庆寿图（局部）

同时颁诏天下，其恩诏对王公大臣、大小官员加官晋爵，王妃命妇都有恩赐，八旗满蒙汉军也都分别予以赏赉。生日那天，乾隆行礼后恭进御制《圣母皇太后七旬万寿连珠书屏》，并穿起彩衣，率皇子皇孙联翩起舞，捧鱼觞祝寿。皇太后的七旬整寿庆典达到了高潮。

皇太后于乾隆四十二年（1777）去世。苏州街也逐渐萧条冷落。到光绪末年，昔日仿苏州建筑已经毁坏殆尽了。震钧《天咫偶闻》记载："（万寿）寺西城关为万寿街，俗称苏州街。两行列肆，全仿苏州。旧传太后喜苏州风景，建此仿之。今已毁尽。"到新中国成立前夕，苏州街南口仍存石坊一座，镌刻"苏州街"三字。

如今苏州街的海淀镇一段，仍名苏州街；原南段三义庙至万寿寺这一部分成为西三环路的北段；中间那一段成为万泉河路的一部分。三义庙地处三环路的西北角，修建了一座巨大的立交桥，取名苏州桥。这还能让人记起关于苏州街那一连串的历史故事。

冰窖胡同 300 年

新中国成立初期，在海淀军机处北边，有五座冰窖：两座土窖和两座砖窖东西并排在一起，另一座土窖东西向横踞在北边。在窖群的东、西、北三面，环绕着一条"门"形的胡同，这就是冰窖胡同。

冰窖胡同共有 23 家住户，归海淀派出所管辖。门牌一号在东南角，往南是西岔胡同，往西是军机处。从南口斜向西北，是一溜低矮的土房。走到冰窖北边东西走向的部分，路南是几座冰

旧时人们在凿冰

旧时人们在取冰

窖,并无住户;路北只有一座大院,红漆对开大门,是大户人家。冰窖西侧的胡同,北低南高,斜坡上铺了一道花岗石坡路。南端路西的21号和23号院,门楼高大,庭院宽阔,当街有上马石和门墩,曾经是清代高官居住之所。

  这五座冰窖名为同春冰窖,是海淀镇娘娘庙街三合果局的张老板经营的,他聘请张培增为经理负责冰窖的具体管理工作。同春冰窖每年冬季储冰,夏季销售,都是临时雇用四五名工人完成。冰源来自海淀镇西至六郎庄的小湖和小河。每年大寒季节待冰冻一二尺厚时,便雇人用铁钩、冰镩凿冰采冰,往回拉冰。每个长方形的冰块都有100多斤重,长三尺,宽二尺,高一尺多。窖冰都要在深夜进行,这时冰块冻得坚硬瓷实,不易融化。每人一晚可拉冰几十块，用十几天就将几座冰窖运满了。一方方冰块整齐地码放好以后，盖上稻草帘子，再覆以厚土，上边还要支起荆笆的席棚，以防太阳烤晒。

同春冰窖的天然冰，是供应海淀镇和附近商铺店户使用的。鱼行、肉铺、鲜果店，卖汽水和饮料的杂货店，都要购买冰块冷藏货物和制作冷饮。镇上的张甫糖果店，用天然冰加进白糖和牛奶等配料，制作成冰激凌出售；也有的店家将冰块削成薄片，洒上红黄糖水制成刨冰叫卖，销路都很好。最引人注目的是走街串巷的冷饮货郎，他们肩负一副挑担，盛着色洋粉、荸荠、果子干汤、汽水、冰棍、冰激凌，消夏的饮食应有尽有。手举一副冰盏儿，两只拳头大的小铜碗，互相撞击，发出"叮当叮当"清脆的响声。人们就知道是卖冷饮的来了，便纷纷跟踪而至。这是三伏天镇上最受欢迎的行商挑担了。

后来，人造冰的技术得到推广，制冰的成本低，质量高又卫生。天然冰便被淘汰了，同春冰窖停止营业。冰窖胡同的冰窖也废弃了。

海淀镇的砖砌冰窖起源于何时？原来它是始建于康熙年间的畅春园皇家冰窖。

康熙二十六年（1687）畅春园建成以后，康熙常年居住在海淀，便由工部和内务府在御园东墙外、宏雅园西侧修建了几座冰窖，解决了宫廷用冰的需要。但这些都是土窖，条件简陋，隔热效果差，冰块容易融化。每年窖冰3万块，只能存用5000块。再加上窖顶塌陷，冰土混杂，影响冰块质量，急需改进。

康熙三十九年（1700）六月的一天，内务郎中佛保到冰窖考察，发现了这些严重的问题，便由内务府呈上奏折，请求给负责工程事务的工部调拨银两，将土窖改建成坚实耐用、砖瓦结构的冰窖。康熙帝诏准了这一请求，并要求工部和内务府大臣一起研究，提出改建冰窖的具体实施方案，还指示紫禁城内存有一定数量的砖瓦，可用于改建畅春园冰窖。康熙在审查诏准了冰窖建筑规划和经费预算后，还特别降谕，要从畅春园马厩西侧石钟路至东角门、再至西北门，修一条豆渣石甬路。全部支出共需银13226两。这项经费不由国帑支付，而是向当年派往两淮盐差的二位崇文门监督每人收取银3945两，及其随行的二位笔帖式每人收取银2645两。

新的畅春园冰窖在原址改建成功了。这是能储存3万冰块的冰窖群。东西四排，每排六间，"南北长七丈二尺，宽一丈九尺，柱高七尺，梁五道"。施工中具体的做法是："包檐，以旧石柱为基石，用豆渣石墁台阶，置鼓门、脚柱石。四面墙基，以柏木为钉，表面铺豆渣石，灌浆。窖底四面墙高七尺，厚三尺，用旧式城砖垒砌灌浆。上面墙高八尺，厚二尺五寸，用旧式城砖垒砌灌浆。表面贴沙滚子砖，抹以石灰泥，再码以筒瓦。临门建房一间，其长九尺，宽八尺，柱高八尺五寸，梁三道，设门。地基掺石灰填土三层，以旧石柱为基石，豆渣石墁台阶。其墙用旧式城砖垒砌灌浆。表面铺沙滚石，石灰掺土抹平，再码以筒瓦。"（见内务府奏折）几座冰窖被圈在虎皮石围墙里，有一座大栅栏门和一座随墙门。

修建这座皇家冰窖的建筑材料，除使用紫禁城和畅春园原先存留的砖瓦石材木料外，工部备办的还有城砖 3.9 万块、黑白石灰 4.4 万斤、生熟铁楔子 250 斤、旧席 40 张、麻绳 2000 斤，等等。修建冰窖所需的木匠、石匠、铁匠、漆匠等，用工共 2010 个，"支给匠夫雇价钱一千三百七十八串七百五十二文"。

畅春园砖砌冰窖的建成，完全满足了宫廷中消暑、食用和食品冷藏的需要。而在冰窖周围逐渐聚居了一些百姓和官员，形成了一条冰窖胡同，成为海淀镇北部边缘的一部分。

冰窖胡同住过一些著名的官员。道光年间的文华殿大学士赛尚阿和体仁阁大学士祁寯藻，就曾经住在这里。赛尚阿，字鹤汀，阿鲁特氏，蒙古正蓝旗人，嘉庆二十一年（1816）翻译举人。曾任军机章京、内阁侍读学士、理藩院侍郎兼副都统、户部尚书兼步军统领、协办大学士。咸丰元年拜文华殿大学士，管理户部。道光年间，他居住在冰窖胡同。

祁寯藻，字叔颖，号春圃。嘉庆十九年（1814）进士，曾任兵部、户部、礼部尚书。军机大臣、体仁阁大学士，是清代著名诗人。他在担任上书房皇子师傅时，曾住在澄怀园。在道光十二年（1832）迁居海淀镇西的双桥寺。道光二十五年（1845）七月初的一天，大雨如注，道路泥泞，他勉强涉水入直内廷。退直后车过海淀镇朝西边一望，畅春园大宫门以西的道路变成一片汪洋。他只好来到冰窖胡同老朋友赛尚阿家借宿。这里位于海淀台地，雨水早流走了，赛家门前的石板路没有一点积水。赛尚阿对祁寯藻说：你若是真心喜欢住在幽僻的地方，为什么不返回老家握锄

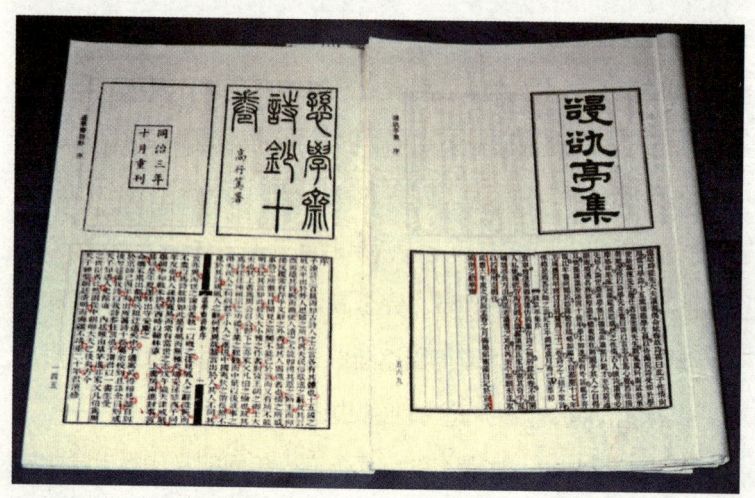

祁寯藻诗集《馒飤亭集》内文

耕地去？既然决心混迹于朝廷官场，就该想办法免受潮湿水涝之苦，迁出双桥寺。我这个园庐南侧有一座数间平房小院，正在空闲着。如果你愿意做我的邻居，可以来此租住。

祁寯藻听从了朋友的良言相劝，经过实地勘察，便决定迁居到冰窖胡同来。他吩咐童仆清理整治房间，便"肩我盆中花，挈我案头书"，迁居过来，成为赛尚阿的邻居，并写下《正月四日自双桥移居冰峤（窖）与鹤汀邻》一诗，记载此事。

祁寯藻对新居很满意，将居室命名为"西舫斋"，题写一首七律《新葺屋西舫斋》："辇路弯环似水流，西山拥髻出墙头。移将马厩三弓地，换得渔家一叶舟。种竹栽花商位置，吟诗写字许句留。眼中突兀何曾见，已有回翔燕雀游。"他住在冰窖胡同，虽然环境不如双桥寺清静，但再也不受雨涝泥泞之苦了。他在《雨中退直述怀》诗中写道："移居近凌室，夏日无炎炽。门前白石路，荡荡任所暨。车马声虽喧,幸免坑谷坠。夜来雨如箭,了不惊梦寐。回思蛙黾国,夷险道斯异。乃知天下事,无患必有备。"

祁寯藻不仅对冰窖新居称赏有加,对他十分熟悉的海淀镇的环境也多有赞语。这年七月十五日中元节,他从京城宣南旧居返回海淀园居,心情舒畅,随口吟出一首小诗:

幽居隔世阛,偶出不知远。
水住桥边月,云移画里山。
秋阴横碧嶂,暝色上银湾。
归路荷灯外,园扉静未关。

300年过去了,海淀皇家冰窖的所有权已经发生了变化。由于畅春园已经荒废,在道光年间划归圆明园管辖,海淀冰窖也随之归圆明园所有。圆明园被焚毁后,在光绪年间,连同圆明园旧址和海淀冰窖都归颐和园所有。1949年人民政府接管颐和园时,其管理范围就包括"园外各处田地4098.94亩;海淀冰窖一处"(见《颐和园志》)。此时,冰窖胡同内赛尚阿故居门前的上马石还竖立在那里,胡同铺设的石板路还没完全毁掉。只是在20世纪50年代北京大学扩大占地,将冰窖胡同圈占在校园之内,整条胡同和石板路、上马石都被拆除干净没有痕迹了。

满洲章京军机处

新中国成立初期,在海淀镇老虎洞中间偏西处,有一条向北延伸的胡同,到北头是一条东西向的胡同。这条丁字形的街巷称作"军机处胡同"。

这条胡同的门牌,从东头路南开始,路北有五户人家。他们庭院的北墙外,便是四座皇家冰窖,东墙和西墙外都是冰窖胡同。其中东边一家的院墙是虎皮石墙;最西边一家建有高大的石门楼,大门两侧有两个石鼓形的门墩,门前是三层宽大的石阶,阶前放

军机处胡同

置有上马石，石质洁白莹润，显示出高贵的气派。南北向胡同西侧排列着几家宅院，有的建有门楼，门内有雕花影壁，建筑整砖灌浆到顶，垂花门内有抄手游廊，显然是有地位的富贵人家的住宅。胡同东侧北半部是一座桃园，南半部是几家普通的住户。

据10号院户主赵老先生讲，他的父亲在20世纪40年代迁居此院，一直住到修建北四环路将军机处胡同彻底拆毁，在此住了60年。他说，在解放前后，这条丁字形胡同里居住着各种职业的人，是海淀镇居民成分的典型代表。北边那座石门楼大宅院是5号院，都说曾经是军机处官员的住宅，清代末年归李莲英所有。7号院是燕京大学的校医李天爵先生开办的诊所；北京大学教授侯仁之先生年轻时曾经在这里住过。8号院称卢家大院，庭院很大，建筑讲究，有游泳池，还有果园，原是美国人斯诺在燕

原当铺大门

京大学任教时的旧居。9号院是助产士张大夫的住宅,他会接生,颇有名气,经常为穷苦人免费服务,人缘很好。赵先生居住的10号院,原先是外商英美烟草公司高级职员居住,房屋高大,房梁和木椽上绘有图画和花纹,古色古香,院西还有三亩果园。11号院在胡同南端,是一家当铺。路东几家院落较小,都是平民百姓,公顺和粮店的段掌柜就住在这里。

这条胡同因为20世纪50年代修建白颐路给切断了。大马路正好从9号院穿过。

关于军机处胡同名称的来历,一直没有一个公认的说法。有的说,胡同内有一座宅院是军机处的办公地点,是当时全国的军事中枢;有的说是某一位军机大臣的住宅;也有的说,这里根本就没有军机处,而是在胡同的北边有一座集贤院,在晚清曾是军机处公所,因而在它南边紧邻的胡同便被称作军机处了。

其实,上述几种说法,或是望文生义,或是牵强猜测,都没有提供有说服力的历史依据。

首先应当弄清楚军机处是怎样一种机构,它的职责是什么?

军机处是清代特有的重要政权机构,雍正七年(1729)设立,由皇上钦命几位亲信重臣为军机大臣(又称枢臣),再任命若干"人品端庄、文理清顺、字画工楷"的军机章京(俗称小军机,又称枢曹)。军机处总的职掌是"掌军国大政,以赞机务"(《清史稿》),具体任务有:拟写皇帝发布的谕旨,办理皇帝交议的大政,审办大狱案件,奏补文武官员等。皇帝住在圆明园内,与在皇宫大内一样,军机大臣和军机章京每天都要到御园入直,随时听候皇帝

军机处胡同原10号院

召见。大小军机都是既有满人也有汉人,各自分工不同。"凡满汉章京缮写御旨、记载档案、查复奏议,系清字者皆由满族章京办理,系汉字者皆归汉章京办理。"(梁章钜、朱智《枢垣记略》)圆明园内的军机处直房设在出入贤良门外御河之南,叫军机堂。堂之右为满章京直房,其前为汉章京直房。

为了上朝方便,军机大臣们在海淀一带修建了别墅和花园。如汉军机大臣张廷玉的赐园是位于圆明园福缘门外的澄怀园,满洲军机大臣和珅的赐园是位于澄怀园东南侧的淑春园(十笏园)。满汉军机章京的外直庐,是皇帝赏赐的一所庆复入官花园。这座外直庐位于海淀镇北边御道附近,距御园军机处直房不远,上朝比较方便。

乾隆三十三年(1768),庄亲王永瑺在畅春园冰窖南侧有一座五福书房,是他为了到圆明园上朝方便购置修建的。但他嫌这座别墅比较狭窄，想更换一座宽大的花园别墅。他看中了位于住所东北方向不远的军机处外直庐，便想与之调换。经过协商，军机处同意交换，但除五福书房外还需要再增加一座庭院。双方协商同意后，军机处便为此向皇帝呈上奏折。据《枢垣记略》记载，奏折称：住在庆复入官花园的军机章京，"在圆明园该班直宿迄今已逾多年，除历次将木植拆卸官用外，所存之屋日久无人修理，若听其颓废，将一切墙垣屋壁坍塌，不惟该处系圣驾经行之所，有碍观瞻；且园池树木繁盛，无人专管照料，亦甚可惜"。庄亲王愿将现住的五福书房与军机处调换，如果嫌五福书房不敷使用，还愿意将挂甲屯的"高恒入官房屋"（七峰别墅）照内务府估价按数买交军机处，供军机司员居住。军机处认为，这是一举两得的事，在奏折中写道："若准其调换，即军机处所住之园赏给庄亲王，听其自行修理。一转移间，庄亲王得有宽敞园亭，随时酌修，官园既可不致日就坍废，而军机处司员亦得有整齐房屋居住。"乾隆皇帝准奏。从此，圆明园军机章京就有了两处外直庐，一处是汉章京外直庐挂甲屯的七峰别墅，一处是满洲章京外直庐海淀冰窖的五福书房。《枢垣记略》对此有明确的记载："圆明园满汉章京外直庐一在挂甲屯，一在冰窖，均系乾隆年间赏给居住。"

　　海淀冰窖满洲军机章京外直庐周围，不断有新的住户定居，形成了一条丁字形的胡同，称作军机处胡同。军机处外直庐的位置，就是解放初期军机处胡同的5号院。这才是军机处胡同的真正来源。

　　1953年，修建西直门到颐和园的公路，将军机处胡同切为两段,北段划入北京大学校园内;南段仅长 30 米,余有四户住房。2001 年修建四环路,军机处胡同被全部拆毁。这条在历史上显赫一时的街巷便消失了。

商家闹市老虎洞

畅春园和其他园林的修建,带动了海淀镇的繁荣。为满足宫廷和朝臣生活的需要,在海淀镇及周围村庄形成了一批商业中心。海淀镇上商家店铺最为集中的地点便是西大街和老虎洞。

老虎洞位于镇甸北部,西口与西大街北端相接,东口是下洼子胡同与娘娘庙街交界处,全长 150 多丈。整个路面铺设花岗岩石板。这条石板路经过娘娘庙街斜向西北,经集贤院北墙外与畅春园东侧的御路衔接。老虎洞还北连军机处,南通香厂子,交通便利,四通八达,街头顾客盈门,川流不息。

关于老虎洞的命名,

老虎洞商业街

其说不一。有人说，昔年胡同西口两侧蹲踞着两只石虎；也有人说胡同西口路北一家店铺门前石柱上镌刻着一只卧虎；还有人说，一家烟铺后院小土地庙中摆放着一只汉白玉石雕老虎。这几种说法都认为胡同西口有雕刻的老虎。另有一种说法，认为老虎洞的街名在北京有9个，但都与老虎没有关系。海淀镇老虎洞可能与畅春园前的御道有关。

老虎洞街巷不长，但却名扬京城，被记载在清代文献和多种著述中。它不仅商业繁荣而且历史悠久，是名人居住之地，也是达官贵人购物的商场。它的几百年兴衰史，不啻是中国历史的缩影，记载着北京人日常生活的遭际。老虎洞东头路南是清代样式雷的祖宅，居住于此的雷金玉曾因在畅春园正殿上梁有功被康熙皇帝褒奖，授七品官衔，食七品俸禄。英法联军火烧圆明园时将老虎洞烧毁，街道上的石板都烧红崩裂了；而在东口下洼子胡同，民族英雄燕桂在拼杀死几名侵略军后壮烈牺牲。光绪二十六年八国联军侵占北京，这里一家香烛店被焚，店家一位姑娘被劫掠去法国。宣统元年，寄居在东头路北真武庙的颐和园八品苑副永璘，书写了一篇忠贞爱国的奏折，痛陈抵御列强、力除积弊、发展实业、振兴中华的救国良策，不惜捐躯死谏，以引起朝野的关注。在日本侵华战争刚刚爆发的1937年7月30日，侵略强盗野蛮地杀死了老虎洞公和顺粮店的段掌柜等18名海淀居民，制造了骇人听闻的"黄庄惨案"。1948年12月12日，海淀镇解放。人民解放军第41军政委莫文骅在样式雷旧居，接待了原北平市长何思源率领的"华北人民和平促进会"代表团，为和平解放北平城进行

老虎洞席铺立面测绘图

了谈判。小小的老虎洞，折射了海淀人由黑暗走向光明的历史。

北平和平解放前后一段时间，老虎洞还维持着商业闹市的历史面貌。这里著名的商店不少，其中"老虎洞商家五虎"最为人们所熟知。这几家掌柜经营有方，发展劲猛，独具特色，各领风骚。这"五虎"被俗称为"五子"，即创办祥凝斋糕点铺的何回子何宜昌，经营吴德利茶庄的胡秃子胡振亚，操持德兴永纸店的申胖子申德印，掌管义信兴百货店的赵瘸子赵德顺，管理义信诚百货店的白麻子白林之。

位于西头路北的祥凝斋糕点铺，前店后厂，高台阶，是两间中式挂落板门面。勾连搭房14间，后边两间专营清真食品。祥凝斋的糕点品种繁多，质量上乘，什锦大八件、自来红、自来白、芙蓉糕、萨其马、什锦枣花酥、苹果酥、核桃酥、麒麟酥、莲花酥、什锦三色月饼、提浆月饼、蜜三刀、中果条等，各类杂货、各种

老虎洞苹果店立面测绘图

小吃应有尽有,琳琅满目,惹得顾客眼花缭乱,胃口顿开。

每年中秋佳节,祥凝斋的各式月饼摆满柜台,成为应时鲜货,销路极好。旧时的糕点多是送礼和卖给旗人吃,普通老百姓很难吃得起。送长辈,送病人,送坐月子的,送办红白喜事的,都有不同的糕点品种和包装。唯独妇女坐月子,要吃祥凝斋的蛋糕补养身子,即使不富裕的人家,也要买些价廉的"破边缸炉"给产妇吃。送礼的包装有"打匣子"和"打蒲包"两种。包装外面盖上一张"门票"——红纸上印着"祥凝斋"3个大字,旁边注有"清真"。在大街上拎着这种蒲包走过,显得很有些阔气,引人注目。

祥凝斋糕点质量好,花样多,是因为有技术高的师傅和徒弟。有一次干完活要下班了,工人们发现杆秤上的小刀不见了,四处寻找未找到,怀疑掉落在点心里,一直到从点心中找到小刀才下班。还有一次,色缠机把一个工人的手指盖轧下一小块,也是从点心中找出这小块指甲才收工。主事的栾师傅的徒弟个个技术精湛,品德优良,做出的点心人人爱吃。新中国成立后,大徒弟马竹林在聚庆斋(海淀食品厂)当厂长,二徒弟马松林担任海淀区糖业烟酒公司党支部书记。

祥凝斋是个老字号,在道光三十年(1850)开业,曾经过英法联军和八国联军两次焚烧和劫掠,但终于坚持了下来。祥凝斋是河北大厂的何姓回族人创办经营的,最后一位私营经理是何宜昌,他为人正派,讲究诚信,善于经营,爱行善事。他献出大河庄一处私宅,改作回民女礼拜寺。在抗美援朝期间,他热情参加"捐献飞机"的活动。他在苏州街创办了模型厂,解决了一大批回族妇女的就业问题。他深受人民政府和回民群众的信任,曾担任区政协委员和区工商联主任。

胡秃子胡振亚经营的吴德利茶庄,也是一家著名的老字号,开办于同治五年(1866)。茶庄设在老虎洞西头,与祥凝斋为邻,三间中式建筑门面,后房三间。此店货丰价实,诚信无欺,热情待客,是享誉海淀、妇孺皆知的名店。胡老板后来又在西大街开办了两家茶店:广茂茶庄和福森茶庄。

义信兴百货店在吴德利茶庄稍东,两间中式门脸,后房两间,是租用的,专营呢绒绸缎。德兴永纸店和义信诚百货店,也是同等规模,位于路南,也都很有名气。

老虎洞还有几家受群众欢迎的商店,如长合永油盐店、长生堂药铺和义兴隆饭馆等。

长生堂药铺开业于清代末期,由山东人宋金发投资开办。到1925年,以1/4身股的待遇,聘请老中医郝佩兰为全权经理,负责药铺的全部经营管理事务。长生堂是当时西郊最大的私家药铺,规模大,药效好,在海淀一带享有盛名。

长生堂药铺设在老虎洞东段路南,东起香厂子胡同北口,西至穿堂口,南至香厂子菜库。宽大的三间门脸,西侧有一块三丈多高的通天招牌,上书"川广云贵丸散膏丹汤剂饮片",背面是"参茸地道药材零售批发"。招牌耸立在两块一人多高的夹牌石之间。东侧有一条石头拴马桩,为骑马的顾客提供方便。门前三层台阶,门楣上悬一块金地红字的"长生堂"匾额。

走进六间勾连搭营业室,汉白玉铺就的地面,药柜桌椅整洁古朴。墙壁上挂一大幅《龙虎斗》中国画,上书"天有不测风云,人有旦夕祸福"。头柜二柜之间竖一座屏风,书有"休问无人见,积德有天知"。二柜台上放一个铜臼子,随时为顾客捣碎坚硬的药材,以更好地发挥药效。营业室东南角有坐堂大夫的诊室,售药人员身穿长衫,态度和蔼,又懂得医药技术,能问病售药。

据郝佩兰的徒弟、担任海淀药店经理三十年的蔺世修回忆:郝佩兰是北京人,名满西郊的药师。他信奉佛教,在长生堂设有佛堂,每月初二、十六是他的敬佛日。这一天要改善职工伙食,每桌八菜一汤。他教导徒弟们积德行善,并身体力行。开药铺为的是治病救人,对穷苦人更加照顾。他想办法做到:穷人吃药,让富人花钱。穷苦人看病抓药,没钱可以赊账,到腊月还不能还钱的就只好勾账不还。郝佩兰有一些古方、秘方,疗效很好,他就多挣富人的钱。有一年发生瘟疫,郝佩兰在农历四月二十八日药王爷生日,配制成一大筛子防瘟药丸,施舍于市民;同时还将相关的药物万应锭、仁丹、避瘟散等,一律半价出售。

为了保证药剂的质量,长生堂所需药材都要到原产地和药都祁州、天津去采购。中药有的药名中标明了药材产地，如四川的"川黄连"、云南的"云茯苓"，必定购买四川、云南出产的。否则就被认为是次药、假药，疗效不会好。药材采购运回来，郝师傅带领可靠的高徒亲手挑选加工，炮制成药，没有中间环节，以确保成药质量。出售的草药都要过筛，整齐干净；药片切得薄如纸；硬的要打碎，增加疗效。长生堂批发给海淀、石景山、门头沟、昌平等地的各小药铺的药品，专有三四个人骑自行车去送。多年交往，保持着很高的信誉，使长生堂的医药惠及西郊和北郊的广大群众。

郝佩兰很重视培养徒弟，既讲求医德，又传授医术。对徒弟们要求严格，指导耐心细致。他的七八位徒弟个个成才。在郝佩兰于1948年去世后，他的徒弟们当了药铺经理。新中国成立后，药铺实行公私合营，这些徒弟们仍是长生堂药铺和海淀区医药工作的领导者和骨干力量。

1956年，国家对私营商业进行社会主义改造，老虎洞的各私营商店实行公私合营。商业经营场地进行调整和集中，在老虎洞西头修建了两座大型的百货商场和副食品商场。当年的商家闹市老虎洞，改变为小商店和住户混居的街巷，因而昔日的熙攘和喧闹也逐渐消失了。

仁和酒店御酒香

在光绪年间,海淀镇西大街北头路东,有一家声名远播的仁和酒店。门脸不大,前店后厂,生产和出售享誉京城的莲花白酒。每天都有朝中高官或其仆役以及无数顾客,前来买酒畅饮。尤其在莲花节和重阳节时,更是熙来攘往,顾客盈门。

莲花白,享有"宫廷滋补御酒"的美誉。仁和酒店的制酒配方,是从宫廷偷学来的。那时,慈禧太后驻跸颐和园,特别钟情于莲花白酒。胡山源《古今酒事》一书记载:"瀛台种荷花万柄,青盘翠盖,一望无涯。孝钦后每令小阉采其蕊,加药料,制为佳酿,名莲花白。注于瓷器,上盖黄云缎袱,以赏亲信之臣。其味清醇,玉液琼浆,不能过也。"海淀盛产白莲花,不管是御苑行宫、皇家赐园,还是天然湖池,百姓藕田,处处都有白莲白藕。这是酿制莲花白酒的重要原料。慈禧太后长住颐和园后,每年农历六月二十五日莲花节,都要在昆明湖畔,面对白莲红荷,摆下莲花白酒宴,邀请王公大臣纳凉消暑,品酒赏莲,使与宴者倍感荣耀。

那些无缘赴宴的贵族朝臣,便到仁和酒店沽酒过节,或邀亲朋故旧摆设莲花白家宴,这成为一种时尚。仁和酒店的掌柜甄秀峰,不知从什么渠道获取了配制莲花白酒的秘方,有人说是买通了一位在宫廷酒厂的太监,才学会了配制御酒。仁和的莲花白酒,是用白莲的花蕊、莲子，配以砂仁、丁香、五加皮、黄芪、熟地等二十余种珍贵药材，经过蒸炼，掺入优质的陈年高粱酒，盛在密封的瓷坛中浸泡配制而成。莲花白酒素来被认为有滋阴补肾、和胃健脾、舒筋活血、祛风避瘴的药用功效；加以酒味清醇甘冽，香冠京门，因而受到人们特殊的青睐。这也是仁和酒店驰名遐迩的原因。

莲花白酒的配制和饮用始于何时？有人说，此酒始创于江南，已有500年的历史。明弘治年间传入北京，皇宫中还专设了一座莲花酒馆。清乾隆年间出版的潘荣

莲花白酒

陛《帝京岁时纪胜》一书中，即有关于莲花白酒的记载："至于酒品之多，京师为最……药酒则史国公、状元红、黄连液、莲花白、茵陈绿、橘豆青，保元固本，益寿延龄。"乾隆以后，聚居在海淀一带的达官贵人、文人学者，凡是嗜酒者几乎人人喜爱莲花白。

道光六年（1826）端午节，居住在澄怀园的户部尚书、军机大臣黄钺，招同他的两位门生到自家食笋简斋饮酒赋诗，饮用的就是莲花白。这有与宴者祁寯藻诗为证："芳筵开食笋，美酿泛莲花。令节客同醉，先生书满家。"几天后，祁寯藻又招请田季高等人痛饮莲花白，他有诗写道："莲花争酒白，薄叶上衣青。

骤雨催诗急,闲云任意停。"莲花白酒成了这些翰林们交往和友谊的媒介。道光十三年(1833)清明节,乾隆帝四世孙奕绘贝勒,由骚子营将军庙迁居到海淀镇西双桥寺。刚一落脚便迫不及待地到六郎庄去买莲花白。他在《清明双桥新寓》诗中写道:"六郎庄上酒,旧属白莲花。双桥寺里客,新到即容赊。"他住在海淀这个鱼米之乡,颇觉得意,在《临江仙·双桥湖上》词中写道:"生长皇都三十载,近郊此景真稀。双桥湖畔乐忘归。六郎庄上酒,顿顿鲤鱼肥。"道光十五年(1835),刑部侍郎斌良,在昆明湖畔一座酒馆里自酌自吟,写出一首《游昆明湖坐青龙桥茅店中沽莲花白酒自饮》诗,其中有"笃香莲叶酿,霞酽菊花天"之句。他还在另一首游玉泉山诗中记述过喝莲花白的事:"轻车停傍锦牌坊,桐帽蕉衫趁午凉。近摘荷鲜紫菱脆,旋沽村酿白莲香。"

到了民国年间,仁和酒店的莲花白酒,受到燕京大学和清华大学中外教师的特殊喜爱,仁和酒店生意兴隆,声誉名冠京西。新中国成立以后,仁和酒店的生意日渐清淡,莲花白酒的生产也停业了。酒店老板甄富荣,每天只是从镇上一家酒厂趸来一二十斤白酒卖掉,勉强维持一家人的生活,配制莲花白酒的手艺也闲置起来了。

1955年,仁和酒店实现了公私合营,成为油盐(副食)区店的一家小店。在区店经理崔渔洋和陈宝森的倡导下,甄富荣献出了家藏的莲花白酒生产秘方,支起锅炉和酒甑,又重新配制成莲花白酒。新酿的酒液,依然是清澈透明,气味醇厚平和,芳香甘美,口感极佳。在两三年内,共生产和销售了新酿传统名酒两千斤。1959年，仁和酒店迁移到西大街路西，在国庆十周年时，共产销莲花白酒数千斤。

后来，莲花白酒的生产技术转移到北京葡萄酒厂，仁和酒店的牌匾撤销。莲花白酒曾多次获得北京优质酒产品、部优产品和中国首届食品博览会金奖。但在1992年与外地一家酒厂发生商标纠纷，被迫改名"御莲白"。北京"莲花白酒"的名称便悄然消逝了。

满街飘香豆汁尹

光绪年间，在海淀镇清梵寺前，有一家名为"豆汁尹记"的食摊，与镇上的"切糕杨""面茶郑""窝头赵"齐名，都是海淀百姓最喜爱品尝食用的老北京小吃。

说起豆汁，向来得到老北京人格外的垂青。外地人觉得它有股奇怪的馊味儿，端起碗来就眉头一皱，摆摆手把碗推得远远的。你再看看豆汁尹记的食摊，板凳上坐满了各式各样的顾客：头顶着刘海儿、后脑勺梳着小辫儿的半大孩子，头也不抬，一口一口吸溜那奶青色的豆汁；那两鬓斑白的老爷子，在条凳上跷着二郎腿，端着一碗热腾腾的豆汁，喝一口，从木案子上蓝花大瓷盘子里夹一筷子辣咸菜丝儿，嘴里不停地咂摸滋味儿，满脸洋洋自得的美劲儿，比那吃山珍海味的人还要得意。

78 / 海淀镇

卖豆汁的

虽不知道豆汁在什么年代开始在北京风行起来，但最晚在乾隆年间，它已经进入了皇宫的御膳房，成为乾隆餐桌上的一味小吃。御膳房的豆汁有三种做法：一种叫下米，就是在豆汁里掺点儿米一块熬；一种叫清熬，即单熬豆汁；还有一种叫勾面儿，在豆汁熬熟后，再调些绿豆粉加进去。三种做法有三种滋味，各有千秋。北京市面上的豆汁，多为前两种，第一种叫豆汁粥。海淀豆汁尹记卖的是第二种，纯豆汁。市面上豆汁也有三种味：当天做成的是甜味，放到第二天就是甜酸儿，第三天就成酸的了。这三种味道都有北京人喜欢吃。豆汁尹卖的都是当天熬制的带甜味的豆汁。

在海淀镇上卖豆汁的有三种形式，有租房卖的豆汁铺，有肩挑豆汁锅和桌凳的行商，走街串巷，边走边吆喝："甜酸儿嘞，豆汁噢！"豆汁尹是在街头搭建的固定摊点。

在海淀西大街的北头，老虎洞西口外路北，清梵寺山门外西侧，货摊遮阳棚上悬挂着醒目的招幌："豆汁尹记"。尹家摊点占据了从经商观点看来是最佳的位置。这里交通方便，四通八达，是行人顾客南来北往的必经之地：往东可经老虎洞到军机处、娘娘庙、前官园和中关村；往南可经西大街到苏州街、黄庄；往西是双桥、六郎庄；往北是集贤院、颐和园。它与火神庙、清梵寺为临。若遇到庙会，那更是人山人海了。

豆汁尹记的摊主名叫尹广寿，本是直隶保定府清苑县白家滩人。家境贫寒，生活难以为继。光绪十二年（1886），他下狠心将二亩薄地让给弟弟，靠着一身泥瓦匠手艺，只身来北京闯荡生活。当时正赶上慈禧太后修建颐和园,便加入了建园工匠队伍,居住在临时为工匠艺人用草帘苇席搭建的工棚里。后来他迁居到海淀镇辛庄大胡同7号院落地生根。他在干过建园工匠、沿街卖菜和摇煤球之后,开始在海淀镇摆摊卖豆汁。这一干就是三代人,直到北平解放前夕。

在清梵寺门口,先后由尹广寿和他的儿子尹忠山、尹忠田,在豆汁摊上操持外卖。每日刚放亮,街面上见到行人时便开始售货,一直到太阳下山才收摊子回家。货摊上支起的长条木案子,被擦洗得锃亮,露出清晰的木纹。周围的长板凳要随时擦洗干净,供客人坐下歇脚。案面上放置两个蓝花大瓷盘,一个盛放辣咸菜丝儿,一个是咸菜丁儿;到冬天再增加一盘辣白菜丁儿,供顾客自取食用。案子上还有一个高笔筒式的蓝花瓷筒,装着洗净的筷子。豆汁案子上方用布幔和苇席搭建起一个遮阳避雨的棚子。木案南边用砖泥盘起一个炉灶,灶膛内放有瓷盆,盆内生好火后用泥煤封好,扎出几个小洞,透着微小的火苗。灶口上放一口大号砂锅,锅内盛满了豆汁,锅上有笼屉帽盖严。从早到晚,大砂锅始终用微火煨着随时有滚烫喷香的热豆汁供应。豆汁摊上还制作了一种名叫灌肠的小吃。这种浇上蒜汁、外焦里嫩的嫩黄色食品,就着酸甜适口、热乎乎的豆汁一起食用,特别勾人食欲。

尹记豆汁能够几代畅销,长盛不衰,是因为他们特别注意保证质量,不断改进。尹家始终把握住生产过程中的三道关:一是进浆关。购进的生浆始终是高家粉房专门磨制出来的绿豆"二性子浆"。高家用的主料和辅料都是上好的原料,出浆时经过精磨细滤，具有细、白、匀的特点。二是把好发酵关。担回来的生浆要用专用的容器单独存放，搁置发酵，准时配料磨制出浆，准时挑走熬制。要掌握火候，观察颜色和稀稠度，品尝味道。三是把好煨火关。售卖时用小火煨着豆汁，什么时候饮用都是同一个温度。

豆汁尹记的生意经是"和气生财""你恼我不恼，忍了就完了！"服务态度极好，即使遇上不讲理的顾客，也是热情招待，"一忍解百怒"，从不对人发脾气。所以每天从早到晚，来喝豆汁的人络绎不绝。除过往客人就餐外，海淀镇的住户百姓也常来此一坐；有些商家富户的家眷还会自带容器购买豆汁，盛好后带回去全家食用。尹家豆汁不但甘美可口，而且具有祛暑的功能。大车把式喝了豆汁，在乡村大道上驱车赶路，不管头顶多毒的太阳，保准不会中暑。

豆汁尹记一直经营到1947年。国民党抓兵，尹家哥仨被抓走俩，只好由尹忠田一人独自经营。不久高家粉房停产，生浆供应断绝，豆汁尹记便永远关张了。

黄庄双关帝庙

黄庄位于海淀镇的东南角。在20世纪50年代修建白颐路时，被分做东西两部分，西村归海淀街道办事处管理，东村归中关村

黄庄双关帝庙

街道。双关帝庙就在白颐路西侧,古御道的北边。

黄庄原称"皇庄",已有 500 年的历史。《日下旧闻考》载:"皇庄距南海淀二里许,盖沿明代俗称也。"北京地区的"皇庄",始于永乐初年,由"王庄"更名而来。明武宗在弘治十八年(1505)设置七处皇庄,海淀皇庄归属在"土城皇庄"的范围之内。到了清代,拥有大量土地的"皇庄"已经不复存在,但村名却保留下来了。乾隆皇帝弘历从京城到御园时经过皇庄,村外还是一片茂密的庄稼。他在《皇庄即景》一诗中写道:

不堪一事问春明,胜园皇庄尚有名。
却为往来必经路,几多忧喜验农耕。

到道光二十六年（1846），文献上出现了"黄庄"的名字。《增建灶君殿序》一文中写道："在海淀黄庄药王庙后院，增建司命灶君三楹。"此后，皇庄的村名便逐渐被"黄庄"取代了。

1932年9月，北平市筹备自治委员会编印的《北平市自治区坊所属街巷村里名称录》中，黄庄已经分为东西二村，黄庄东属第十三自治区第十七坊，"公所设于海淀东双关帝庙"；黄庄西属于第十八坊。在1958年北京市公安局编印的《北京市街巷名称录》中，黄庄西村属海淀派出所，门牌起止为1号至甲6号；而黄庄东村属大钟寺派出所，门牌起止为1号至8号。在1996年海淀区人民政府编印的《北京市海淀区地名录》中，黄庄西村已归入海淀镇南大街居民区，属海淀街道办事处管辖；而黄庄东村已建设成中国科学院宿舍楼群，仍沿用黄庄之名，占地面积5公顷，建筑面积1万多平方米，住有1800多户，5700多人，很多著名的科学家、院士居住于此。此地归中关村街道办事处管辖。

黄庄关帝庙始建于明代，原为隆福庵。康熙四十九年（1710）重修，改为关帝庙。庙门南向御道，山门殿三楹，硬山箍头脊，供关公坐像，明间北侧出抱厦一间，面积45平方米。庙内正殿三楹，硬山箍头脊，筒瓦盖顶，面积47平方米。廊间檩托望板绘有旋子彩画。在乾隆年间，殿内有磬一只，上铸"海淀皇庄隆福庵住持宝华山比丘通伦诚献"字样。后殿有一口大钟，铸有"锦衣千户高普名室赵氏妙得，正德十三年造"等字。

在黄庄关帝庙西侧，有一座茶棚，原是供前往妙峰山朝香的群众歇脚餐饮之处。后来也在屋内供奉关帝,即改建为关帝庙。山门殿中供奉的是关羽手捧《春秋》一书的立像,威风凛凛,栩栩如生。

黄庄这两座关帝庙近在咫尺,并排建在御道北侧,遂被称为"双关帝庙"。这一庙名在乾隆年间即已经出现在典籍中。在民国二十五年(1936)北平市政府《寺庙总登记》中,仍然沿称"双关帝庙",并记录了当时寺庙的概况:"双关帝庙(僧庙),坐落西郊海淀分署三段榆树林一号。建于明,清康熙四十九年补修,属私建。不动产土地三亩,房屋十七间。管理及使用状况,为供佛、自住、出租。庙内法物,有佛像五尊,挂钟一口,铁磬两口,木桌两张,大小佛龛六个,泥五供一堂。"(北京市档案馆编《北京寺庙历史资料》)古代关帝庙前必会立一根旗杆,以为标志,所以黄庄双关帝庙又被当地群众称为"双旗杆老爷庙"。

在双关帝庙隔御道斜对过,黄庄还有第三座关帝庙。庙门悬"关帝庙"石匾,在乾隆年间(1736—1795)匾上所刻年号已经漫灭,只留存"辛巳六月吉日立"字样。从庙中钟磬所铸文字,可知此庙也始建于明代:大钟铸有"锦衣卫指挥张明信友张鸾"等字,正德七年(1512)造;香炉为"万历三十四年造";磬上铸有"西直门外皇庄关帝庙邱世明造"。

黄庄双关帝庙地处进入海淀镇的关隘,多少历史的悲喜剧在庙前御道上展演。在康乾盛世的几度万寿节,这里都是华丽雄奇的祝寿楼阁和园林点景最吸引人的地方,也是皇帝接受文武百官拜贺和赏景的宝地。当英法联军火烧圆明园和海淀镇时,双关帝庙作为步军统领衙门巡捕中营畅春园汛右哨千总官房，正是与侵略军英勇交战壮烈捐躯的民族英雄燕桂千总的辖地。在现代，黄庄双关帝庙前还发生过日本侵略军残忍屠杀中国无辜平民的惨案。

卢沟桥事变后不久，1937年7月底，日本侵略者占领了古都北平，海淀镇也处在日寇铁蹄之下。据王宋文先生考证：这年的7月30日，盘踞在西苑兵营的一股日军，全副武装，携带迫击炮等重型武器，向北平城方向挺进。上午8点多，日军行至海淀镇一带，派出两名骑马的尖兵，在黄庄双关帝庙以南，与中国军队一部突然遭遇。这支中国军队是在通县举行反日起义的伪冀东保安队，正在从清华园火车站向西南方向撤退。双方遭遇后，中国军队开枪将走在前面的一名日军尖兵打倒，靠后的那一个慌忙转身往回跑，向日军大队报告。日军随即在黄庄一带分成战斗队形，向中国军队攻击。双方对射的枪声响成一片。中国军队向丰台方向撤离，日军紧追不舍。

这次战斗发生得很突然，日军毫无准备，又不熟悉地形，还有士兵伤亡，便恼羞成怒，对当地无辜平民进行残酷报复。凶狠的日军对黄庄一带挨门挨户清查，肆意进行凌辱和屠杀。租住在黄庄5号院的是几位从张家口过来收破烂、换瓦盆的贫苦人，其中有一个三口之家，还有几个单身汉。战斗打响以后，这四位男人不知道出了什么事，慌乱地跑出院子。他们当即被日军抓住，硬说是一群土匪，不由分说把四个人拖到村南的大沟边上砍死。同住的人中，只剩下一个妇女抱着小孩躲在村边的庄稼地里，幸免于难。黄庄村南小杂货铺60多岁的老掌柜,和他的同乡、镇上公和顺粮店段掌柜,一同被日军杀死。

日军气势汹汹地闯进黄庄村南的警察派出所,这是海淀警察分署第三派出所。巡长谎称为日军买烟,趁机溜走逃了活命。有一位高个子警察名叫高祥,刚从家里来到派出所。日军问:"你们有枪没有?"高祥回答说:"没有。"日军搜出了藏匿在屋顶瓦垄下的值勤枪械,大发淫威,将所内的四名警察捆绑起来,押解到村南大沟边逐个砍死。高祥被砍成两段,身首异处。

日军闯入民宅,借口搜查武器,肆无忌惮地抢掠财物,侮辱妇女。他们抢走了冯姓妇女的手表、花镯等物,惊吓得这位妇女精神失常。日军闯进大户张家,全家二十多口人,强迫全家人脱光衣服放在当院,说是防备身上隐藏武器,羞臊得女人们无地自容。

日军强迫村民高举双手跪在地上,用刺刀紧戳肋部,肆意恐吓。在有的住户,把男女老少强迫分开,叫他们互相指认,没有证人的就当场杀死。一时间,村南大沟边成了杀人的屠场。到处散落着淌血的人头和残缺的尸体,土地上是一片片殷红的鲜血。受难者的惨叫和哀号声撕人肺腑。黄庄双帝庙前,处在一片血腥恐怖之中。

事后,警察巡长、清真寺阿訇和基督堂牧师、商会会长出面,冒死收殓尸骸。黄庄惨案中共有18名中国同胞惨遭杀害。

即使在日本侵略军强施淫威的压迫下,海淀人也没有屈服。当双方军队交火时,有人爬上屋顶向日军射击;也有人持枪藏在院墙边向敌人施放冷枪,然后钻进青纱帐向村西跑去,躲过日军的追击。

被害警察高祥的邻居、当年 17 岁的吴未淳,目睹了发生在海淀镇的这件"黄庄惨案"。吴先生后来成为中国书画函授大学教授、中华书法学会副会长。他将自己的亲历亲闻写成一首黄庄惨案纪事诗:

卢沟事变忆黄庄,倭寇穷索警所枪。
烈警几人同被戮,院邻罹难有高祥。

吴先生在诗注中写道:"七七事变后,日寇巡逻海淀,到处穷搜。至黄庄警察分驻所,该所警士数人,预将枪支藏于房顶,为日寇搜获。当即将所有警士驱至所南之庄稼地,一律枭首。余之院邻高祥家,见到刚从家中赴所上班,适遇其事,亦同被难。"

宅园名居

除了以三山五园为代表的皇家御苑，海淀镇还有诸多的私家园林。明代米万钟的勺园体现了明代园林造园艺术的最高水平；样式雷家族的百年祖居则承载了一代代匠人对于建筑技艺的传承与发扬；清末大总管李莲英的三处宅园从一个侧面记载了清朝末年的社会变迁。

米万钟和他的勺园

勺园是明代太仆少卿米万钟在京城西郊北海淀修建的一个水景园。它所体现的造园艺术,达到了明代的最高水平,是明代中晚期那个时代的一面镜子。

勺园主人米万钟是著名的清官和书画家

关于米万钟的生平历史,《明史·列传》中只有两行记载:"米万钟,字友石。万历二十三年进士。历官江西按察使。天启五年,魏忠贤党倪文焕劾之,遂削籍。崇祯初,起太仆少卿,卒官。"幸而有明代人邹漪《米长史传》、王思任《米太仆家传》和其他资料,才使我们对米万钟的生平历史能有一个概略

勺园绘图

的了解。

　　米万钟祖籍关西安化，因其祖父锦衣卫籍，长住北京，便成为宛平人。他年轻时在大酉观读书，一些里中豪强见他身着旧衣，便挑逗侮辱。路人看见不平，便怂恿他进行还击。他却说："是何隘（碍）也，有身不修，而外侮适堪鞭策，反与角长技乎？"他就是这样避退忍让，宽厚大度。

　　米万钟于万历二十二年（1594）乡试中举，万历二十三年（1595）考中进士。米万钟先后在永宁、六合、铜梁任县令，天启年间任江西按察使、山东右布政使。在六安县，也有一位为人侠义且富文采的奇士，名叫孙伯观，作板重祀张果老、王无功和米万钟，可见米万钟为官清正颇得民心。但是，正是由于他廉洁耿介，蔑视权贵，在魏阉专权的政情下，遭受到打击迫害，中断了仕途。

　　当时，在天启帝朱由校的纵容下，魏忠贤的权势迅猛膨胀。为了牢固地把持朝政，魏忠贤内与有权势的宦官联盟，外与邪恶的官僚势力勾结，并用凶恶狠毒的手段令他们俯首帖耳，顺我者昌，逆我者亡。他的死党中有一位出按畿辅地区的鹰犬、江都人倪文焕。此人极力巴结吹捧魏忠贤，为魏建起三座生祠。魏阉党羽还在南京为魏忠贤修建生祠，并请路过此地的米万钟为魏忠贤唱赞歌，理所当然地遭到米万钟拒绝。孙承泽在《天府广记》的《米万钟传》中记载了此事："当其自江西归，道经南京，时中贵人守备于斯者方为珰构祠尸祝，闻其至大喜，使使奉币求公数言彪炳上公者。万钟怒斥其人去。中贵人恚甚，以闻珰。珰怒益甚,乃簸其门下御史倪文焕,疏参公党人魁也,削籍为庶人。"

当时,魏阉党将米万钟革职,让他去当靖安王府右长史。米万钟愤而拂衣归家,即被贬为庶民。人们敬佩米万钟抗拒强权、洁身自好的高风亮节,尊称他为"有道先生"。

米万钟是一位著名的诗人和书画家。他著有《澄澹堂文集》《澄澹堂诗集》《篆隶考伪》等书。他的书法继承了米芾的神韵,被称为"万钟行草得南宫家法"(明朱谋垔《书史会要续编》),沉着飞翥、以纵取势的笔态,又形成了自己独特的风格。其成就与同时代的著名书法家董其昌齐名,有"南董北米"之誉。

当时社会上以求得米书为荣,"五侯缇绮、中贵之家,往往得之华其堂"。每天早晨开门后,求字信函成叠,米万钟只好一一登记,逐一偿还书债。他写字时,郑重其事,"雪蚕旧纸,冷金便面,铺置沉香板上,必丽儿吹箫管,引满一杯,乃疾书得意"。(王思任语)米万钟"擅名四十年,书迹遍天下",其书法作品,有些流传至今,成为书画收藏家心爱的珍品。

米万钟善画山水花鸟,皆能造微入妙,自成风格。徐沁《明画录》说:"米万钟画山水,细润精工,皴斫幽秀,渲采备极研洁,自足名家。"邓拓在《燕山夜话》的《宛平大小米》一文中写道:"他的画,虽然也是一种标准的'文人画',但是他并不师法于元代的倪云林画派,而师法于宋画。即便在细微的部分,他同样是一笔不苟的。我们看他的字和画,可以想见他为人的严肃认真而又有打破成规的创造精神。"

米氏勺园图(局部)

　　米万钟的画作，也成为当年人们争相收藏的艺术佳品。现在，北京大学图书馆收藏着一幅米万钟亲手绘制的《勺园修禊图》。他用工笔写实的手法，把自己亲自设计修建的园中景物，惟妙惟肖地描绘下来，展现了勺园当年的真实风貌。这使我们领略了米万钟高超的画艺，也成为研究北京古典园林的鲜活标本。

　　米万钟聪颖好学，知识渊博，爱好广泛，多才多艺，石刻、篆隶、琴瑟、棋艺都很擅长，造诣深湛。王思任说，米万钟"能琴，能弈，能握槊，能蹴丸，能剑，能谜，隐谑谐、打冷哨、绰沁趣，能审音顾曲，能白博古图，而其大要焉"。

　　崇祯帝继位以后，下令逮捕权阉魏忠贤，魏氏畏罪自杀。倪文焕等阉党骨干分子也被监禁处决。被魏忠贤冤陷诸臣一一昭雪。米万钟"戊辰（即崇祯元年）以新命牵复，又三年，补太仆少卿，管光禄寺寺丞事"(《天府广记》)。米万钟复官不久，即一病不起去世了。

此时，米万钟极为贫困。据王崇简记载，其"苏简遗囊三十碎金而已"，还是靠大京兆刘荣嗣、少司农刘重庆捐赠凑钱，在六合奇士孙伯观等人的帮助下，才勉强办理完丧事，将米万钟遗体埋葬在勺园东侧的米家坟，距他的父亲米昆泉墓不远的地方。

勺园的修建、园景及毁圮

勺园建成于明万历四十二年（1614）。园址位于北海淀，占地面积80余亩。命名勺园，系取"海淀一勺"之意。

关于勺园的园景概貌，《帝京景物略》从它的景观特色进行了生动的概述，足以显示这座名园幽雅深邃、曲折迷离的真貌："米太仆勺园，百亩耳，望之等深，步焉则等远。入路柳成行，乱石数垛。路而南，陂焉。陂上，桥高于屋，桥上，望园一方，皆水也。水皆莲，莲皆以白。堂楼亭榭，数可八九，进可得四覆者皆柳也。肃者皆松，列者皆槐，笋者皆石及竹。水之，皆不得庙也。栈而阁道之，使不得舟也。堂室无通户，左右无兼径，阶必以渠，取道必渠之外廊。其取道也，板而槛，七之；树根槎枒，二之；砌上下折，一之。客从桥上指，了了也。下桥而北，园始门焉。入门，客憪然矣。意所畅，穷目。目所畅，穷趾。朝光在树，疑中疑西，东西迷也。最后一堂，忽启北窗，稻畦千顷，忽视，幸日乃未曛。"

应天府六合县奇人孙伯观，与米万钟有着多年的友谊和交往。

他对勺园的情况非常熟悉,曾经撰写成一篇《游勺园记》,详细介绍了这座名园的山水布局、建筑景观和风光特色,使我们得以了解它的真实面貌。

勺园的大门开在园南偏东。入园后,有一木制棹楔,上书"风烟里"三字。风烟里内,水池边排列着不少形状各异的山石,夹岸高柳垂荫。水池上横跨一座彩虹般的高桥,是为缨云桥,桥名取自佛典所谓"缨络云色",桥额使用宋人苏东坡题字。走下缨云桥,迎面立一堵屏墙,墙上有石匾书额"雀浜",为宋人黄庭坚字。从桥下转而北行,门额书有"水文陂"三字,为五代人吕洞宾字。门内跨水建造一座船形屋宇,名定舫。舫以西,有土阜隆起,山岗上松桧林立,题额为"松风水月"。土岗突然中断,有一座造型美观的九曲桥连通对岸,桥名逶迤梁,是园主人米万

北京大学在勺园旧址上新建的游廊

钟所写。走过九曲桥，便是勺海堂了。

勺海堂位于勺园的中部偏北，是此园的中心建筑，高大宽敞，堂额为米万钟的好友、著名画家吴文仲所题篆字，古拙端雅。堂前庭院广阔，有一尊怪石挺立院中，石旁有高大的栝子松遮阴。这里视野开阔，清风徐徐，是观荷赏景的好地方。米万钟的好友黄山人建，在勺园居留养病期间，写有《勺海堂观荷》诗：

处处借花光，天如北牖凉。
开缘多异种，闻觉有兼香。
鱼戏清波乱，风摇翠盖张。
娇来堪对话，坐待夜舒芳。

从勺海堂折而西行，是一道曲廊，曲廊表里建筑为跨水而建。廊南有屋，名太乙叶，也是一座舫形建筑，房屋四周水面都是盛开的白莲花。黄山人建有《移榻太乙叶》诗："一榻将何徙，真人莲叶舟。萍踪思就水，野性欲盟鸥。地僻炎氛薄，池香午梦幽。青山吾未买，暂得寄沧州。"

太乙叶的东南方，是一片丛郁的竹林。那时，北京竹林很少，勺园这片竹林在私家园林中享有盛名。竹林间竖一块石碑，写有"林于澨"三字，"林于"是竹名，为生长于水湄的竹林取此雅名，是恰如其分的。在茂密的万玉丛中，涌现出一座雅致的高楼，名翠葆楼，楼额为邹颜吉（迪光）所书。登上此楼，可以俯瞰全园美景,绿岗草坪,长堤曲桥,湖光波影,荷叶田田,真乃北国仙境。更从树隙竹叶间眺望西山爽气,令人心旷神怡。

黄山人建有《翠葆楼望西山》诗:

> 竹里高楼翠色寒,西山隐隐见峰峦。
> 从今好向楼头宿,爽气朝来枕上看。

从楼前折而北行,抵达池岸时,并无小桥通向对岸,但池边老树盘根,络绎前伸,可以踏着网状树根,踩水回到对岸的太乙叶。米万钟在此题额为"槎枒渡",真是别出心裁令人惊诧的新奇构想。

从翠葆楼东行,沿着鱼脊似的小径,可拾级而上到达松岗,岗上石笋林立,野花芬芳。花丛中有一石几,可品茗,可弈棋,清爽悠闲,其乐无穷。沿曲径蛇行下岗,转而北行,有一座房顶覆以茅草的水榭。再沿曲廊螺行于水面,便能到达勺园最北边的一座厅堂。打开堂后北窗,堂外并未圈建围墙,出现在眼前的是稻畦千顷,一派江南水乡景色。使人感到园内外景致是如此和谐统一,那秀美的村景就是勺园造景的延伸,就是勺园的一个组成部分。

这就是勺园。米万钟自己写了一首七律《海淀勺园》诗,是他对造园构想的揭示和对园景的概括:

> 幽居卜筑藕花间,半掩柴扉日日闲。
> 新竹移来宜作径,长松老去好成关。

　　　　绕堤尽是苍烟护，旁舍都将碧水环。
　　　　更喜高楼明月夜，悠然把酒对西山。

　　勺园在米万钟去世后，疏于经营管理，逐渐趋于荒废。当明清两朝更替年代，这里又经历了争战的军队掠过，屡次遭到不同程度的破坏。崇祯九年初秋，企图夺取明王朝京城的清军，由英亲王阿济格统率，闯进长城，横扫京西北海淀一带，还占据了勺园的西邻清华园，不久又退回关外。据传，李自成的农民起义军，从昌平向北京进军，攻破德胜门，占领紫禁城，也曾奔袭劫掠过海淀一带。

　　经历过几度风雨之后，在顺治年间，王崇简又来到勺园旧址。这里的景象触目惊心，那座名闻天下的锦绣林园，已变成目不忍睹的残山剩水，断壁残垣，枯草荒冢，蛇巢狸穴，寂无人踪。他在《米友石先生诗序》一文中，借题抒发他的凄情和感喟："至于今过海淀，所谓勺园者，残垄荒陂，烟横草蔓，则当年之晴轩月榭、凉台燠室也。枯塘颓径，蛇盘狸穴，则当年之文窗窈窕、古槎嵯峨也。求其莲房松岸，楼坊相掩映，而危梁穹隆于木末者，茫不可得。惟巍巍一石，宛然当年荫高梧而峙庭前者也。徘徊露凄风紧之际，东望土高数尺，则先生之墓在焉。而吉土之墓复立其旁。嗟乎！四十年来沧桑生死之变，可胜悲哉！"

　　由王崇简的记述可知，那座在京华造园史上占尽风光的勺园，仅存世三十多年便悄然消逝了。

　　民国年间，燕京大学在西郊兴建校舍，将勺园这块地方买下。

北京大学在勺园旧址上所建的游廊方亭

后来,北京大学迁至此地,在勺园旧址建起一座勺园楼,作为外国留学生楼,也是接待外国学者的地方。

皇亲国戚佟国维之佟氏园

在海淀镇的北端,勺园旧址的东侧,天仙庙以北,有一座占地数百亩的佟氏园。这是康熙皇帝玄烨的舅父、岳丈佟国维的宅园。

佟国维,满洲镶黄旗人,清初名臣佟图赖的次子。他的姐姐是顺治皇帝福临的佟妃,后尊为孝康章皇后。顺治十七年(1660),

佟国维以其特殊身份出任宫中一等侍卫。佟妃之子玄烨即皇帝位，是为康熙皇帝。玄烨又娶佟国维之女为孝懿仁皇后。佟国维兼有国舅与国丈两重国戚于一身，成为朝中最为显赫的风云人物。

康熙九年（1670），佟国维被授为内大臣。康熙十年（1671）冬，平西王吴三桂起兵反叛。次年春，佟国维侦知吴三桂之子吴应熊在京谋反，按皇帝旨意将反叛帮伙尽行抓捕，就地正法。康熙二十一年（1682），经过八载苦战，终于平定了"三藩之乱"，佟国维被授为领侍卫内大臣、议政王大臣，达到了权力的顶峰。

康熙二十六年（1687），康熙开始长年驻跸海淀畅春园。同年，佟国维的佟氏园也遵照康熙旨意在苑东建成。钱金甫《佟园记》写道："今上临御日久，仁风翔洽，海内乂安。万机少暇，于玉泉山之东为畅春园以备游豫，国戚佟公独密迩御园，踞最胜。其下以次棋布，皆上意也。"佟氏园修建在御园东侧，距康熙和太后宫最近。佟氏园地广数百亩，是个湖面广阔、溪水纵横的水景园。其水源就是直接从御园东流的万泉河水。《佟园记》写道："万泉庄活水初达御园，次即公园。一泓澄碧，视他园尤清，地可数百亩。"

佟氏园具有很高的造园艺术水平，与同年修建在苑西大学士明珠的自怡园，同为当时全国首屈一指的叠山造园艺术家叶洮所设计和建造。一开始，佟氏园并非叶洮所设计。园林修建时，佟国维率领人员到建筑现场观览审视。园内有亭有屋，有山有水，有树木墙垣，已经略具规模。但"一望平衍，无曲折之致"。佟国维很不满意，当即宣布停止修建。他请来经验丰富、名闻京都

佟氏园西部局部

的造园顶尖高手叶洮,另行设计,重新施工。叶洮巧妙地设计改造了溪流湖泊,填挖补修,新建了一道堤坝,两条水廊,三座桥梁;又堆起逶迤盘桓的土山十几座,垒砌奇石假山数峰;在湖畔山麓植树数百株;新建造型新颖的房屋三十余间,方亭四座。经过精心设计,紧张施工,将一处平庸的园林改建成一座人人称道的廓然大观的京西名园。

叶洮是第一流的山水画家,他以丹青烘染将佟氏园修造得独具风格,为行家和世人称赞不已。佟氏园的自然布局是左实而右虚。园右临近水源,远方有西山列屏,故而宜虚,便从水厅外修筑一道长堤直达西南隅;绿堤尽头垒土为山,建啸亭于山顶。园左墙外无山;无山则一览易尽,故而宜实。园门内东侧有溪上小桥,过桥前行建有一座戴天亭;亭西为敞屋,下临澄潭可以垂钓;攀过土山有翠微亭;逶迤宛转,又有夹镜居、

佟氏园东路影壁

奇翠、拂云堂，还有一座演练骑射的"射圃"。整座园林开阔精巧，虚实结合，锦山秀水，别具风韵，就像一幅既大气磅礴又精致娟秀的山水画卷。

园主人佟国维对叶洮的这幅杰作非常满意。作为"两朝懿亲眷顾"，皇帝的重臣，他自然要请玄烨前来游赏。叶洮的好友钱金甫在《佟园记》中写道："今上每顾之，而嘉赏不置也。"康熙帝高度肯定叶洮的造园艺术，便将叶洮召进内务府，专门负责畅春园的园景规划设计和建设。

在乾隆年间，佟氏园为佟国维第六子庆复所有，庆复曾任文华殿大学士、太子太保及两江、云贵、两广、川陕总督。因为在征讨西南吐蕃的战斗中"贻误军机"罪，于乾隆十四年（1749）"赐自尽"。不久，这座"庆复入官花园"成为军机处外直庐。乾隆三十三年(1768),经皇帝诏准,军机处通过内务府,将这座花园售卖置换给庄亲王永瑺,成为庄亲王花园。

在以后的年月里,佟氏园逐渐破败废圮了。在光绪年间,步军统领衙门巡捕中营畅春园汛管辖的二十几个村庄中,在冰窖村旁有一个佟府村。此处在民国年间为燕京大学购买。在燕大收购的五十余块地块中,有三处在佟府(佟氏园)范围内,即佟府刘家北南三院、李太监住宅和佟府石路迤东的王家住宅。如今北京大学校园内,还有一座"佟府三号"住宅和古树。但这里连佟氏园的影子也没有了。

佟府遗存古树

康熙亲信李煦宅园

在海淀镇南部有两条东西长街,分别取名太平庄路、太平庄胡同。这里在清代原本是一个小村,就叫太平庄。村里有一座不小的宅院,占地十几亩,是康熙皇帝的亲信、畅春园总管大臣李煦的宅园。

李煦(1655—1729),奉天籍,昌邑人,他父亲李士桢两任巡抚,为清初成绩卓异的封疆大吏。生母文氏,为玄烨儿时的保姆,所以李煦与皇帝不只是一般的君臣关系,而且具有特殊的主子与奴才的紧密联系。康熙十三年(1674),年仅十二岁的李煦被授为中书舍人。康熙十七年(1678)出任韶州府知府,后调宁波府知府。这位年轻的地方官吏,政绩卓著,颇受拥戴。韶州人为他立去思碑,建遗爱祠。碑文说"公以簪缨巨族,阀阅大家,少负奇才,声名籍甚","全无白璧之瑕,久有青天之誉"。在宁波"甫为政一年,颂声大作,于是士大夫录其诗若干首,登之歙拙,名之曰《李侯德政诗》"。康熙二十五年(1686),李煦重建宁波府月湖书院,新修了大门、中门、讲堂、敞楼和书舍,并筹措办学经费,延请义师,教授那些无力从师的民间子弟。

康熙二十六年(1687),玄烨开始长年驻跸畅春园。康熙二十七年(1688),皇帝免去李煦宁波知府职任,调回京城,充任畅春园总管园务大臣,成为这座御园的首任也是唯一的大管家。

为了就近进园当差,李煦在海淀镇太平庄安家。按照内务府奏李煦在京家产情况所附"清单",李煦"畅春园太平庄瓦房四十二间,马厩房八间"。据徐征先生考证,这座宅园虽然不大,却很严整。登上门前石阶,大门内横一座影壁。宅园分东路、中路和西路。东路为花园,北半部有井,井壁青砖砌就。井南有攒尖顶八角亭子一座。井东有花厅三间,前出抱厦。花厅前有穿堂屋三间,花厅后有屋五间。东路有一片桃树,今留地名桃园。中路为居室,四进院落。由南往北,门楼三间,会客厅五间,寝室双卷五间。穿过垂花门为后院,正房七间,东西厢房分别为五间和四间。西路三进院落,进门南房四间,正房五间,是为书房院。院后有一座三间二层小楼。楼后有一座四合院。整个宅园围以虎皮石墙。由李宅出发,经太平庄,穿过彩和坊和西大街,往西拐,就来到畅春园大宫门了,也就是一里多地,当差非常近便。

李煦为玄烨管理御园不到五年时间,在康熙三十一年(1692),遵旨与内务府营造司员外即董殿邦一起,到广东"传旨褒嘉"广

太平庄胡同17号门

东巡抚朱宏祚。返京后即领到圣旨，受命接替曹寅任苏州织造。曹寅调任江宁织造。李煦从此在江南充任织造三十年，直到玄烨去世。

李煦是曹寅的妻弟，二人的母亲同为玄烨的保姆，都是皇帝最为信任的人。派他们到南方担任织造，除为皇家生产和采购绸缎衣料和宫中用品外，还要充当皇上的耳目，担负着了解、报告南方政情民情的重要政治任务。他们不仅经常回京述职，亲口向皇上禀报政情，还通过密折的方式传递各类社会信息。

李煦的密折有二百多件，在任职期间几乎月月都有密报文书。玄烨在李煦密折上有一道朱批："凡苏州来的各行人等，倘有多事者，尔查明即当奏知，不可少懈，不时访访才好。"户部尚书王鸿绪致仕返乡后，对于废立皇太子的事多有议论。李煦即有《王鸿绪等乱言目下东宫虽已复位将来难定折》，同时请皇上将密折

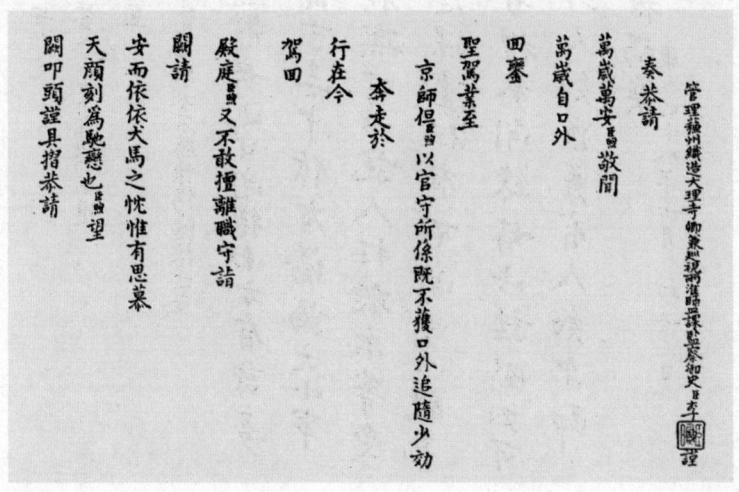

李煦奏折

销毁，唯恐王鸿绪的门生故吏窃得消息。密折中写道："伏乞万岁将臣此折与前次臣煦所书折子，同毁不存，以免祸患，则家身保安，皆出我万岁之恩赐也。"

李煦密折内容广泛，有官场动态，人事交往；有天气变化雨晴风雪，庄稼长势收成；有四时物价和百姓动态，思想倾向；也有遵旨试种早御稻每年的亩产斤数，及与当地水稻产量的比较，等等。李煦还遵旨负责转递当地巡抚及重要官员的密折。玄烨在康熙五十三年（1714）给江宁巡抚张伯行有一道朱批："以后倘有紧要事，尔家人恐有迟误，交与李煦速来。"康熙四十七年（1708）正月，李煦有《因家人途中遗失奏折自请处分并补缮折》。玄烨朱批："凡尔所奏，比不得地方官。今将尔家人一并宽免了吧。外人听见，亦不甚好。"皇上把李煦当作自家人，

康熙皇帝御批

比封疆大吏还要亲近，更值得信任和依靠。

李煦在织造任上，几次与曹寅共同接驾，让皇上住好吃好玩好，顺利完成南巡诸多任务。在康熙首次南巡期间，李煦将他的舅舅、知县王国正的女儿献给玄烨，被册封为密嫔。后来生下皇十五子允禑、十六子允禄、十八子允祄。

玄烨病逝后，雍正即位，李煦失去了靠山。而胤禛抓紧时机排除异己，打击争夺皇位的政敌。雍正元年（1723）三月，以苏州织造亏空银两的罪名，将李煦撤职、抄家、治罪，并且逮捕了他的家属和奴仆。据奉旨查抄李煦家产的两江总督弼纳报告，李煦亏空帑银共38万两，如今还欠25万多两。办理李煦案件的是内务府总管和硕庄亲王允禄，正是王密嫔所生的皇十六子，李煦的舅表侄子。从允禄的奏折中可知，在折价补偿欠款的财产中，包括李煦"在京城、畅春苑、房山县等处有房三百五十七间半"。在奏折所附"清单"中，更明确地写有："畅春苑太平庄瓦房四十二间，马厩八间，折银一千六百一十四两。"从此，李煦在海淀镇的五十来间房产，便被没收充公了。

雍正五年（1727）二月，又查出了李煦曾为胤禛最主要的政敌允禩购买数名苏州女子一案。有关部门"议以斩监候，秋后斩决"。胤禛御批："李煦着宽免处斩，发往打牲乌拉。钦此。"李煦被流放到东北边疆苦寒之地，两年后冻饿而死，年75岁。

样式雷百年祖居

样式雷是清代著名的建筑世家，因为七代人都在清廷样式房从事建筑技艺而得名。

样式雷祖宅坐落在海淀镇北部中间的槐树街。此街因街道正中间从东到西栽植了一行国槐而得名。街道南侧是德贝子园北墙。雷宅西墙外是香厂大院胡同，后改名香厂子胡同。北临著名的老虎洞胡同，这是一条又窄又长的繁华的商业街。东侧是下洼子胡同，因是海淀镇低洼积水之地而得名。这四条古老的胡同名称，一直延续到21世纪初。

雷宅占地广阔，南北宽五六十米，东西长一百二三十米，分中东西三路。中路，进大门便是门洞，迎面一座影壁。前院西侧有六间南房，是门房和书房。东侧另辟一座小院，有车房、马厩和草屋。从前院中间穿过屏门是宽阔的中院，三间建有前廊的高大正房。东西各有两间耳房；东西厢房各三间，并各有一间耳房，后院三间北房为供奉祖先的影堂，东西各有两间耳房；西厢房两间为神堂，是供奉建筑行祖师鲁班像的地方；东厢房两间为厨房。

西路，前边为宽阔的西院。院正中是一座四合院，三卷正房共15间，是雷宅最为高大的建筑物，东西各有两间耳房；东西厢房各三间；南房六间。四面房建有前廊，由24间游廊围接连通。

四合院外靠南园墙是一排14间南群房；靠北院墙是一排14间照房。照房前建一座荷花池。西院后边为染房院，院门朝西。染房院东北部有几间房面向老虎洞开门，开设一家纸铺。

东路的前半截是学房院，北房三间加两间耳房；东西厢房各三间，又各有一间南侧耳房。房间有游廊相连。学房院北侧是一座小花园。东路的后半截盖有一排照房。这里面向老虎洞开辟了一座北大门。

样式雷这座祖宅，建在铺设石板道的老虎洞路南，沿路进入御园路程很近，当差非常方便。几代样式雷在槐树街居住近二百年。因为圆明园在咸丰十年（1860）被英法联军焚毁，样式雷在海淀已无皇差可应，样式房的工作全部转移到紫禁城内外和东西陵去了。况且老虎洞商业街也遭英法侵略军焚毁，雷宅也被劫掠

样式雷祖宅东厢房

一空。临街的雷宅也很难幸免，遭到破坏焚毁。样式雷在海淀已属无家可归、无房可住且无工可做，只得被迫迁居城内。

在槐树街祖宅被毁坏十几年后的光绪二年（1876），第七代样式雷——雷廷昌，花了两千多两银子予以修复添盖，除西路后院租给染房和纸铺外，西院大房十余间由亲友居住，东路后半截的照房由本家居住。其余的房屋全都租给别人了。雷家槐树街祖宅，在清朝末年全部出卖了。东路的前半截，由一位从皇宫退役的盛姓太监购买到手，并重加修葺改建，作为颐养天年的安居之所。

到20世纪中叶，国民党的反动统治摇摇欲坠，中国人民解放军进军北平市郊。东北野战军第四纵队（即第41军）解放了海淀镇，军部住进槐树街一号院，即原雷宅学房院。1949年1月18日，军政委莫文骅和副政委欧阳文在此院接待了由原北平市长何思源率领的"华北人民和平促进会"代表团，对他们耐心地进行说服动员工作，要他们给据守北平城的傅作义带信，希望他接受中共提出的条件，走和平解放北平的道路。何思源当晚就与康同壁、吕复等全体代表团成员下榻在这里，昔日样式雷祖宅，成为和平解放北平谈判的纪念地。

新中国成立后，雷氏祖宅的东中西三路，在槐树街各设一座街门，分别为槐树街门牌1、2、3号。原中路和东路的前半截，成了多家居民住宅。后半截是国有的花纱布公司，后改为纺织品批发部，街门向北，成为老虎洞路南最东头的一个单位。原西路南半截即西院，成为海淀区新华书店机关办公地址；后半截即染房院，办起一家织布作坊，公私合营后取名七一棉织厂，街门向西，是香厂子胡同路东唯一的一户。

20世纪末叶，雷宅原有的房屋建筑，大多经过拆改重建和新建，但原有的格局仍然保留着，有些清代房屋还依旧在使用。2001年春，部分拆除海淀镇、建设中关村西区的规划全面实施，样式雷槐树街祖居范围内的新老建筑全被拆除。半年后，横穿海淀镇的北四环路建成通车，雷氏祖宅原址正处在几十米宽的平坦路面上。

礼王园称大观园

在海淀镇苏州街路西，有一座镇上最大的花园别墅，是为礼亲王园。

镇上的人都称礼王园为"大观园"。有人著文推断：此园为礼亲王代善五世孙平郡王福彭的宅园。他的表弟、《红楼梦》作者曹雪芹可能一度住在此园。这样，便把礼王园与曹雪芹联系起来了。此文作者得出结论："此园系清太祖二子礼亲王代善后代修建的，约始建于清康熙年间。"连《北京名胜古迹辞典》也采用类似的说法，在"乐家花园"（礼王园于民国初年被转让给同仁堂乐家，故又称乐家花园）条目中写道："传原为清代礼王私邸。崇德元年（1636），太祖第二子受封礼亲王，遂建此园，世袭七代直至光绪年间。"

这个推断缺乏根据,也不符合历史的真实:第一,福彭虽为礼亲王代善的后裔,但他所承袭的代善长子岳托的"克勤郡王"的爵位,顺治年间(1644—1661)改号"平郡王"。即使是礼亲王代善子孙某位礼亲王所建,福彭也没有继承礼王园的资格。

第二,康熙年间(1662—1722)礼亲王爵位的继承者,不可能修建镇上这座礼王园。如果在康熙年间(1662—1722)修建礼王园,必定在康熙二十六年(1687)玄烨长年驻跸畅春园以后。那时,礼亲王爵位的继承者是代善第八子杰书;赐号由二袭、三袭改为"巽亲王"以后,四袭杰书又改赐号为"康亲王"了。杰书虽然被封为议政王,又屡立战功,但在"三藩之乱"平定的康熙二十一年(1682),因"指挥错误",被取消所有战功,并罚俸

礼王园南小门

一年（15000 两白银），此后便不再参与政事，被闲置起来，直至康熙三十六年（1697）逝世。玄烨在畅春园上朝问政，根本就没有杰书进园的份儿，当然也不会在海淀镇上修建宅园了。

第三，康亲王杰书在西直门外长河南岸，在康熙初年即修建有一座占地二百余亩的宅园乐善园。这是他经常居住和休息的地方。他和他的封号继承者椿泰，怎么可能再在海淀镇修建一座大型园林呢？

所以礼王园不是在康熙年间（1662—1722），而是在乾隆年间（1736—1795）建成的。

据记载，杰书去世后，其第五子椿泰袭爵。椿泰于康熙四十八年（1709）去世，当年其子崇安袭爵。崇安死于雍正十一年（1733），十二年（1734）崇安的叔公、杰书第四子巴尔图袭爵。

礼王园正殿

礼王园八角亭

巴尔图于乾隆十八年（1753）去世。按照乾隆的旨意，由崇安次子永恩承袭康亲王封号。

乾隆帝为能从水路抵达西郊御园，将长河进行清淤疏浚，筑堤修闸，开辟成一条畅通的水上御道。康亲王巴尔图主动上奏，说长河沿岸的乐善园紧邻水上御道，是龙舟往来于皇宫和御园之间的必经之地，愿将自家的乐善园交内务府管理，经修葺后，充作皇上长河泛舟时中途休息和进膳的行宫。弘历闻奏后，欣然接纳。他写道："乐善园旧为康亲王别墅……王以其地临长河岸傍，为御舟往来所必经，奏进请充御苑……兴废之概，今昔同之，因允所请，稍加葺治，复其旧观。"

乾隆帝无偿地获得了一座位置绝佳的河边园林。他在乾隆八年巴尔图生日时，赠一首五言古诗《康亲王七旬寿辰诗以赐之》，其中有"河间曾有献"之句，还谈到巴尔图奉献乐善园之事。

永恩袭爵康亲王后，深得弘历喜爱。永恩在年幼时，"读书骑射，为学日益精励，作诗、古文皆有法。高宗纯皇帝闻而喜之"（《碑传集》）。巴尔图去世后，乾隆帝亲自决定由永恩袭爵康亲王。乾隆十九年（1754）十一月，命其总理正黄旗觉罗学。四十三年（1778）正月，"以和硕礼烈亲王茂著状猷，克昭骏烈，其原封爵号应求绍嘉名，勿令改易"。特旨令现袭之康亲王（永恩）仍恢复原号"礼亲王"。

永恩备受皇帝赏识，经常到圆明园上朝参见弘历。而弘历收纳康亲王乐善园后，理应另赐新园。就在这种情势下，永恩修建了海淀镇上的礼亲王园。

永恩在海淀镇上确实有一座园林，很可能名叫"绿漪园"。永恩在他的诗集《诚正堂稿》中，有好几首诗写他的绿漪园，如

礼王园假山

《绿漪园书院壁》等。将自家花园取名绿漪园，说明园中显著位置有一座小湖，而海淀礼王园前院有一座数亩大的小湖；而在城内礼王府的小花园中靠凿井汲水修筑一座小湖，那几乎是不可能的。永恩在《园亭积雨》诗中写道："林烟轻幔笼，叶露滴珠圆。野鸟呼群至，声声绕曲栏"；《雨后绿漪园即景诗》中也有"天涯声正至，枝上野蝉鸣"之句。他的花园里有"野蝉"和成群的"野鸟"鸣叫，说明园子建在郊区，而不是指京城闹市西皇城根礼王府那座小花园。永恩还有一首《西堤》诗："隔溪一片野云低，万绿阴森路向西。烂漫花光当水畔，几回闲步在苏堤。"永恩迈出礼王园大门，沿路向"西"走，就到了清漪园的西堤，说明永恩的宅园位于昆明湖的东边；而且是"闲步"，路途并不遥远，大致是海淀镇到昆明湖的距离。这可以大体说明：礼亲王永恩在海淀镇建有花园别墅，很可能就叫绿漪园。另外，永恩之子昭梿写过一道《万泉庄晚眺》，写诗的地点距万泉庄不算很远，但在傍晚还能望见万泉庄"空濛"的轮廓，这正是礼王园与万泉园的距离，说明此诗写于海淀礼王园。

关于礼王园的始建年代，还有建于乾隆以后的几种说法，如推断说建于嘉庆道光以后；建于嘉庆十七年到十九年（1812—1814）；建于光绪十四年到十八年（1888—1892），等等。

我认为，礼王园始建年代在乾隆以后的可能性很小，因为第一，海淀镇的规模在康熙年间已经大体形成，王公朝臣和为御园服务的机构、商家和宅园，已将海淀村和周围各小村连成一片。到乾隆末年，镇上已没有大片空地了。第二，礼王园占地 30 多亩，是镇上最大的王公花园。它正处在灯笼库胡同。而据震钧《天咫偶闻》记载:"海甸大镇也,自康熙以后,御驾幸园,而此地益富,王公大臣亦有园。旧时士大夫居第,多在灯笼库一带。朱门碧瓦,累栋连甍,与城中无异。"即在礼王园周围已是宅园连着宅园,没有空地了。如果在以后年代,如光绪中期在此地修建大型园林,必定要有大规模的拆迁工程。这是很难想象的。第三,礼王园紧邻苏州街,是弘历奉母欢庆寿诞前往万寿寺的必经之地。岂容此地有几十亩的空地存在?而弘历在此时将这块空地赐予永恩,是最为适宜的选择。所以说礼王园建成于光绪年间是不太可能的。白文贵《闲话西郊》说,在光绪年间(1875—1908)"礼王园连续兴工",指的是将英法联军破坏的多年荒废的礼王园,重新加以修葺。"非创也,盖因也。"当时的历史情况就是这样:英法联军焚毁了圆明园等西郊园林和海淀镇,咸丰、同治、光绪几位皇帝都不再来西郊御园上朝理事,而改在紫禁城与问国事。海淀镇上和周围遭到毁坏的王公大臣的宅园,也便闲置和荒废了。直到慈禧太

礼王园假山(局部)

后重修和长驻颐和园时,这些王公宅园才逐渐动工修复,并作为上朝时的"休沐之地"。礼王园的重修也是如此。

礼亲王园占地广阔,气度恢宏。花园大门南向,分前园和后园。整个花园四周倚墙堆砌假山,前园和后园及各景区都是用假山分割开来。

前园正中有一座五楹双卷棚歇山顶殿堂,是为客厅,前廊后厦,中间为过厅,可通后部庭院。后院是青石砌岸的小湖,湖中心为六角攒尖茅亭,南北各有木桥相连。前园东西两侧在石阶或假山上建有几座配房和一个浓荫覆盖的围有石护栏的月台,为品茗、弈棋、乘凉、休憩之所。每座配房之间,配房与中心殿堂之间,都有游廊连通。东部游廊转折处,建有八角小亭。小湖北岸建有五楹敞厅,两侧各有五间"半廊",廊壁上嵌有什锦花窗。

穿过敞厅,迎面横一道假山,居中一道山洞,洞口上方横一块青石,上雕"石筠洞"三个篆字。穿过弯曲的山洞,便是后园。这道假山横贯东西,笋石剑石直插青天。岩石上镌刻着"群峰耸秀""苔

作者(右一)在礼王园考察

痕上阶绿""太极圆通"等草书、楷书题字。

后园东西两侧各有一道假山,将后园分割为正院、东院和西北小跨院。正院中央是一座五楹卷棚歇山顶殿堂

东跨院花池

前廊后厦,是为寝殿。殿前有宽阔的月台,台上放置一块五音石,敲击时铿锵有声。月台下东西各植一株玉兰,所以寝殿名"玉兰堂",正院名"玉兰院"。殿堂西侧有一条月牙河,通过河上小桥便是西北小院。院中有五间北房,房前连三间罩房。从玉兰堂东北角钻过山洞,便到了东院。东院正中也是一座五楹殿堂。堂前有两个各由八块汉白玉石板砌成的花池,石板上雕刻着风竹图案,精巧别致。东院遍植海棠,故名"海棠院"。

在前园东墙外,还建有东园,占地五亩,有四座院落,是为书房和住房。庭院内松柏撑荫,翠竹摇曳,座座花池散发着清香。

礼亲王永恩"性宽易而持己严","淡泊勤俭,出处有恒"。皇上也认为他"忠敏质实,通晓政治",常召到御前与他谈论政事。当时"护工有出境为不善者",有人奏禀永恩知而不举。皇上虽然察知并非事实,但还是予以"罚夺王俸"的处分。从此,永恩"每入班次,趋朝会,驾出入,则迎送惟谨"(《碑传集》)。闲暇时,以笔墨为娱,或练笔题字,或绘制指画,都具有很高的艺术水平。这使他成为著作家和艺术家,撰成《诚正堂集》和《律吕元音》。

永恩于嘉庆二年（1797）去世，其长子昭梿袭爵。第八代礼亲王昭梿一生历尽坎坷。袭爵后两年，王府失火，全部焚毁，连家存珍宝和印绶都一无所存。皇上怜其不幸，赐银一万两，命他重建住宅。嘉庆十七年（1812），他被人控告数项罪过：目无君王、凌辱大臣、私设监房、滥施酷刑。嘉庆帝降谕：革去王爵，圈禁三年。一年后，嘉庆感到量刑过严，便将他减刑释放。

昭梿继承家学，自幼勤奋好学，在他的"汲修斋"刻苦写作。创作诗词数百篇，撰写了《礼府志》和《啸亭杂录》。这本《啸亭杂录》，后经醇亲王奕訢请人编辑整理，出版了九思堂刻本，流传至今，成为认识清代历史和社会习俗的宝贵资料。作为清代著名学者和作家，礼亲王昭梿的名字也广为人知。

到清末民初，礼王府日趋衰落，为维持生计，便将府藏秘方卖与同仁堂药铺制药，靠借银度日。日积月累，所欠债银竟达数万两之多，便不得不将花园抵债售予同仁堂。于是这座建成二百余年的礼王园，便成了同仁堂乐家的乡间别墅，故又称"乐家花园"。

新中国成立后，这里成了八一小学、八一中学的校址。20世纪90年代后期，这里曾是海淀报社址。如今又开办起了饭庄。礼王园——乐家花园的建筑物虽然几经改建，且已经败落，海棠、玉兰早已干枯，但园林旧貌依然清晰可见，保存较为完整。1984年被定为北京市重点文物保护单位。

德贝子园今昔

德贝子园是海淀镇上清代中晚期的一座王公赐园,是新中国成立后近半个世纪中共海淀区委和区人民政府所在地。

德贝子园,位于海淀镇的中心,面向斜穿海淀镇的御道。此御道为石板路,是清康熙年间修筑的从西直门到畅春园的皇家大道。以后此路又与圆明园、清漪园、静明园、静宜园连通。在海淀镇上,位于御道正北、位置显要且宅园宏大的,就只有德贝子园。连礼王园、僧王园也建在离御道一二百米开外。

德贝子园南面与御道相隔,是驰名京西的"鸡鸭佟"的宅园。佟家因受内务府官员指派,专门采购鸡鸭供御膳房烹饪用,以致赚钱发家成为富户,他在御道南侧建起了一座有三进院落和花园的宅园。此院后为军机大臣王文韶购得。

德贝子园东墙

在德贝子园与御道中间,有一座小湖叫泄水湖。此湖还有一段传说:当年慈禧太后沿御道前往颐和园时路过海淀,她坐在凤辇里看见有一处古坟,占地数亩,苍松翠柏,枝繁叶茂,便问随身太监:这是谁家的坟地?太监答道:这是有名的霍家坟。老佛爷疑神疑鬼地暗自思量:这座坟茔风水很旺,霍家日后必出贵人。有朝一日难免成为威胁大清江山的祸患!她怒火中烧,面带愠色地自语道:他不是姓霍(火)吗?我要用水将他的"火"浇灭,破掉他家的风水!于是她咬牙切齿地传下懿旨:限三天之内,在霍家坟东侧挖一个大土坑,并且立即蓄水成湖!太后一句话,百姓遭了殃,海淀村民为此整整忙了三天三夜,终于开凿成了泄水湖。

德贝子园东侧是莺房胡同。莺即黄莺、黄鹂,以其羽色艳丽和鸣声悦耳而深受群众喜爱,常被养作观赏鸟。但从未听说建莺

德贝子园北墙

房以饲养黄鹂者。我猜度此莺房是从"鹰房"讹传演变来的。清代内务府都虞司辖有"养鹰鹞处"，在西郊设有鹰房，专门饲养"海东青"等良种雄鹰，以备皇帝围猎。海淀确有鹰房。康熙年间大学士明珠的次子揆叙，住在海淀自怡园，与他的两位老师查慎行、唐孙华曾到鹰房观赏游玩。查慎行写了《鹰坊歌同实君恺功作》，揆叙就写《鹰坊歌和他山夫子》，唐孙华即有《鹰坊歌与夏重恺功同赋》。也许三人同赋的鹰坊，即是海淀镇的鹰房。莺房胡同北口路西，即背靠德贝子园东北角院墙，设有巡捕中营畅春园汛守备署，这是步军统领衙门的基层单位。

德贝子园西侧是菜库胡同和董子兴宅园。所谓菜库，是内务府专门为御园内御膳房采购和贮存各类菜蔬和山珍海味的地方。在康熙初年即在内务府设立了菜库，向瓜菜园头收缴瓜果蔬菜。而董子兴就是在颐和园当差的权监，是海淀镇上广有稻田和多家店铺的有名富豪。

德贝子园北邻槐树街。此街因街道正中间从东到西栽植了一行中国槐而得名。路北是三路三进的样式雷祖宅。雷氏建筑世家七代人从康熙以后200年居住于此，从事宫殿、园林、陵寝、府邸、衙署等皇家建筑事业，特别是在修建"三山五园"皇家园林中做出了重要的贡献。

德贝子园占地20余亩，是一座清代京西名园。宅园四周是虎皮石垒砌的围墙，大门南向，进门东侧是车马库和家仆住房。正对大门有一组宽敞的建筑，是主人接待宾客的厅堂。客厅后另有一处院落，是主人寝居之所。靠北墙一块空地是鹿苑，饲养着一群梅花鹿。东北方是一带几十米长、栽植花树的土阜假山。寝居以西有一幢大厅和一座花厅，中有十间游廊相连。宅园西部为花园，广植松柏和花卉，西墙根有一片枣林，建有敞轩和小亭，叠置山石峰峦，优雅清静，是赏花休息的好地方。

德贝子园主人是蒙古族土默特部博尔济吉特氏，名德勒克色楞，嘉庆皇帝的外孙，元太祖第二十七代孙，玛尼巴达尔和固伦公主之子。关于德贝子的先祖世系传承，《清史稿》五百十八卷之《列传》中，有明确的记载："土默特部，在喜峰口外，至京师千里。""土默特分左右翼，异姓同牧……主左翼者为元太祖裔。自元太祖十九传至鄂木布楚琥尔，生子固穆，与归化城土默特为近族。""固穆，元太祖裔。顺治五年封扎萨克镇国公。康熙二年晋固山贝子，诏世袭罔替，十三年卒。"由固穆传至六世孙，为玛尼巴达尔（也作玛呢巴达喇）。其父朋素克琳沁，"乾隆五十七年袭扎萨克固山贝子，嘉庆四年以罪削"。玛尼巴达尔为第四子，于嘉庆四年袭爵。他在嘉庆七年十一月，与嘉庆皇帝第四女、孝淑睿皇后喜塔腊氏所生的庄静固伦公主结婚，赏赐紫缰，成为皇帝的固伦额驸。从此，玛贝子一帆风顺，加官晋爵，历任前锋统领、都统、御前大臣，加郡王衔赐四团龙补服；道光十一年（1831），宣宗皇帝将他这位妹夫晋升为贝勒。

玛尼巴达尔备受岳丈仁宗和姐夫宣宗这两位皇帝的信赖，常在关键时刻委以重任。昭梿《啸亭杂录》中曾记载，在林清起义攻打紫禁城时，玛尼巴达尔在平息战乱中发挥了重要作用："次日（即嘉庆十八年九月十七日）昧爽，上遣和硕额驸超勇亲王拉

德贝子园门前小花园

旺多尔济、和硕额驸科尔沁郡王索诺木多布济、固伦额驸固山贝子玛尼巴达尔、大学士托公津、吏部尚书英公和，先后入京，盖于路闻警报也。命八旗都统各于界域中擒捕逆匪，恐有逆贼潜入城中也。"当时嘉庆皇帝正在白石涧行宫。闻报林清起事的消息，便派玛尼巴达尔等五人火速回京镇压。这五人都是仁宗视为与国同休的国戚重臣，且都是满蒙旗人，前三人还是最可信赖的驸马爷。

庄静固伦公主下嫁玛尼巴达尔后，赐第蒋养房（也称蒋家房），即今西城新街口东侧的蒋养房胡同豆腐巷六号。庄静公主于嘉庆十六年（1811）五月薨逝，享年28岁。《清实录·仁宗实录》记载：五月"戊子，上临庄静固伦公主园邸赐奠"，足见皇帝对这位公主的钟爱。

庄静固伦公主去世时,她的公爹、玛尼巴达尔的父亲朋素克琳沁,"奏请将庄静固伦公主金棺请至土默特地方安葬"。嘉庆皇帝闻知后非常生气,他认为,朋素克琳沁系土默特蒙古,若为家庭事务应当呈明理藩院转奏。而"今竟胆敢单衔具奏,实属越分妄为",于是便降谕内阁:"朋素克琳沁前曾被属下人等屡次控告,是以安置热河居住。嗣因将四公主指婚与伊子玛尼巴达尔,特沛殊恩,令其来京,授为副都统,赏给二等台吉。今乃如此冒昧,显欲夸耀于众蒙古,从中聚敛。实系不安本分,著革去副都统及二等台吉,派苏冲阿带领理藩院司员,即日解往马兰镇,交福长安圈禁管束。"

皇帝驳斥了将庄静固伦公主远葬蒙古的动议后,把他这位爱女安葬于京城西郊王佐村(清末改称苑家村)。后来此地成为被人熟知的"公主坟"。公主坟在庄静固伦公主墓的东侧还葬有另一位公主,即庄静公主的姐姐、嘉庆皇帝第三女、和裕皇贵妃刘佳氏所生的庄敬和硕公主。庄敬和硕公主下嫁的蒙古王爷,正是在平息林清事件中与玛尼巴达尔一起委以重任的科尔沁郡王索诺木多布济。他是德贝子的姨丈。十一年后的道光二年(1822),道光帝还亲临公主园寝,醇酒祭奠他这两位同胞姐妹。

德贝子的父亲玛尼巴达尔卒于道光十二年(1832),安葬于他的故乡土默特蒙古地方。

西城蒋养房的四公主府,在道光十三年(1833)德勒克色楞承袭固山贝子爵位后,便称为德贝子府。此府紧临积水潭西岸,府中有湖,引玉河水即积水潭水进入府邸。这是经皇帝特准才能办到的事。德贝子府旧址正是今新街口东街31号积水潭医院一带。医院内至今还保留着德贝子府的若干园林建筑遗迹。医院门诊楼后边还有一座与积水潭连通的小湖。湖南北各有一座平桥,湖西有两座仿古楼房,北侧有一处古建,东南两岸各有一处三合院,东岸土山上修一座小亭,但很难设想德贝子府的原貌了。

德勒克色楞虽然出身豪门,但他的一生并不顺利。他在道光十三年(1833)袭爵后,曾任镶蓝旗蒙古都统,咸丰六年(1856)任后扈大臣上行走。但在咸丰七年(1857)即被查出赏银舞弊案,皇帝降旨,革去爵职,贬居热河。原来,在咸丰六年(1856)十二月中旬,理藩院向皇帝呈上奏折,揭发德勒克色楞在任蒙古都统期间,有克扣赏项的舞弊行为。在咸丰三年(1853)九月,理藩院曾通过户部拨给昭乌达盟、卓索图盟等三盟五千两赏银。赏银已由德贝子派员从户部领走。但一直没发放到兵丁手里。皇上降旨:"著德勒克色楞明白回奏",并派军机大臣穆荫、肃顺前往镶蓝旗蒙古衙门查询。调查结果得知:德贝子事后将银两补交给该旗衙门,又听任旗库管理人员将封皮年月弄假倒填,希图掩饰;同时问讯卓索图盟发放银两时有私搭钞票之事。皇帝又降旨:"镶蓝旗蒙古都统土默特贝子德勒克色楞,着即照五大臣等所拟革去爵职。应得罪名,交理藩院会同刑部,照例定拟。"对本案相关的营私舞弊人员,也给予相应的处理。

咸丰七年(1857)正月上旬,皇帝降谕内阁:"前因德勒克色楞于领故三旗兵丁赏银内有隐匿掩饰情弊,降旨革去爵职,交理藩院会同刑部定拟罪名。兹据该衙门比照成例,声明请旨。德勒克色楞著发往热河，交该都统严加管束。所遗贝子职爵，仍准其以德勒克色楞之子承袭，以示朕格外施恩至意。"(《清实录·文宗实录》)

德勒克色楞在塞外热河苦熬了四年漫长的岁月。他的表兄弟咸丰皇帝并没有忘记他。刑部遵旨核拟了省释德贝子的奏折。文宗在他去世前的咸丰十一年（1861）十月下旬降谕内阁："已革贝子德勒克色楞，著加恩予以省释。伊子索特那木色登现已袭爵。即著在京闭门思过。"从此，德贝子由热河返回海淀，在贝子园里度过了寂寞的余生。

德勒克色楞之子索特那木色登，于咸丰十年（1860）袭爵。其孙棍布札布于光绪六年（1880）袭爵，民国以后又被溥仪小朝廷晋封为贝勒、郡王，遂被称为"棍王"。棍王曾在民国时期赴南京任行政院顾问。棍王第二子沁布多尔济在民国三十八年（1949）袭爵。其第九子林勤多尔济，在新中国成立后任北京市民委委员和雍和宫负责人，曾为市政协《文史资料选编》撰写文章，介绍埋葬其先祖的西郊"公主坟"的历史沿革。

到光绪年间（1875—1908），德贝子园很可能一度归首席军机大臣奕劻所有。据金勋《成府村志》记载："承泽园于光绪十七年已赏庆亲王奕劻为私产。淑春园、礼王园、僧王园、德贝子园、苏大人园，均于光绪间赏出为私产。"即清廷将这些原由内务府管理的宗室赐园，赏给王公贵胄作为私有财产。上述五座宅园的位置，都在海淀镇或镇北侧，德贝子园赏给哪位王公没有确指。当时奕劻深受慈禧太后宠信，爵高权贵，他也是清廷贪赃受贿、聚敛钱财最为臭名昭著的人物，很可能再一次向上列宗室赐园伸出贪婪之手。

据奕劻之孙载铨在1964年写的《我的家庭庆王府片断》（载全国政协文史委编《晚清宫廷见闻》一书）一文中所记："庆王府坐落在地安门外定阜大街，原乾隆的权臣和珅的旧居。""庆王府除这座府邸外，还有承泽园、泄水湖、苦水井花园三处……这些房地产有御赐的，也有奕劻购置的。"说明奕劻在光绪年间（1875—1908）有一处宅园位于泄水湖。那只能是德贝子花园，因为泄水湖就紧邻德贝子园墙根，而泄水湖胡同并无其他较大的王公宅园。奕劻虽据有此园，并无眷属居住，而且后来也变换了主人。

在民国时期，德贝子园曾归北洋政府总理潘复所有。据世居海淀的七旬沈姓老人告诉我，潘复在贝子园与人赌博打麻将牌，彻夜豪赌，身上钱财输个精光，最后连贝子园也输给了赌友。

在日本侵华期间，一名叫福田的日本人，在贝子园开设砖窑。为烧砖取土，在西花园挖成一个宽和深各十余米、长三四十米的巨型土坑，与大门口的泄水湖差不多大小。

新中国成立后，中共海淀区委、区人民政府先后将海淀镇上的礼王园、董子兴宅园和萨利宅园作为办公地点。1954年在德贝子园建成了一座建筑面积三千多平方米的四层办公大楼，区委区政府搬了进来，德贝子园遂成为海淀区的党政领导机关所在地。

在20世纪50年代的海淀区机关大院内，即德贝子园旧址内，除去一座办公楼、一座能容六七百人的大礼堂外，就是一座平房

德贝子园门前小花园

小院和若干处零星平房。办公楼建在原贝子园会客厅一带；平房小院建在园主人寝居旧地。贝子园的虎皮石墙还基本完整。东北方的土阜仍盘踞在原地，高五六米，宽七八米，长约20米。平房西侧的三楹大厅和五楹花厅未被拆毁，只是有所改建，花厅的前廊后厦被砖墙和玻璃窗封住，前后山墙拆掉，成为一座方形大厅，充作机关小食堂。三楹大厅成为一位区委副书记的办公室兼寝室。联结两座大厅的十间游廊和游廊拐角处的四角攒尖灰瓦方亭，还立在那里，虽然瓦垄长草、油漆剥落，但多少给大院带来些许雅致与古朴。两厅前的藤萝花架和几株紫薇花，依旧散发着阵阵花香，使人还能想到这竟是清末遗物。西花园除去大土坑，就是空旷平地上一些零星的松柏树了。驰名海淀镇的德贝子园小白枣和一位山东老汉据为专利的甜水井，都已难觅踪影。

到21世纪第一年，拆除海淀镇建设中关村西区的计划开始实施。在德贝子园原址修建的区委区政府机关大院，也在全部拆除之列。此时，院内已先后建起 12 座楼房，总建筑面积 32000 多平方米。院内有中共海淀区委、区人大常委会、区人民政府、区人民政协及所属委办局等 38 个单位在此办公，共有工作人员 800 多人。西花园内的土坑已经填平，并建起两座宿舍楼。大门口的泄水湖填平后，修建了一座小巧玲珑的街心花园，成为镇上居民游乐憩息之地。大院内的德贝子园遗物，只剩下东边和北边的长百多米的虎皮石围墙了。

2001 年 3 月 30 日，海淀区机关举行了摘牌迁址仪式。数十名在院内工作过的区级领导和机关干部向德贝子园旧址告别。海淀区委、区人大、区政府、区政协的旧牌匾存入区档案馆。德贝子园作为海淀区领导机关所在地的历史从此结束，海淀镇作为海淀区行政中心的历史也结束了。随后，德贝子园旧址上的新旧建筑全部拆除了。

李莲英三处宅园

海淀镇的居民人人都知道：李莲英在海淀镇上有三处宅园：一处在军机处，一处在碓房居，一处在彩和坊。

但是，一个整天伺候西太后的大太监，为什么要占据这么多房产？那就众说纷纭了。有的说，西太后赏他几处房产，好就近有个歇脚的地方;有人说这是李莲英结交贪官、接受贿赂的场所;有的还说,李莲英腰缠万贯,在镇上金屋藏娇,养着三妻四妾,为了显威风讲排场;也有人说,李莲英讲究情分,这是给兄弟子侄们享乐的窝子。

到底李莲英在海淀镇的这三处房产,是何时置办?为什么会是"狡兔三窟"?

李莲英跟西郊还真有些密不可分的联系。他在年幼时进京,早期的落脚点就是颐和园东北墙外的大有庄。那时他父亲李玉在此以修鞋为业,李莲英也因为帮父亲干活而得到"皮削李"的绰号。李莲英净身做了太监,常年住在颐和园伺候西太后;后来老佛爷还花13000两银子,在乐寿堂东北方修建了一座介寿堂,专供李莲英居住。李莲英在海淀置办了三座宅园。他死后埋葬在西郊恩

彩和坊李宅大门　　彩和坊李宅砖雕影壁

济庄的太监公墓。

海淀镇位于紫禁城到颐和园的御道上，距御园也不远，是李莲英购置宅园的最合适的地点。

军机处的李莲英宅园，原是满洲军机章京的外直庐。每次到圆明园值班的几位满洲军机章京，退直后即在此夜宿。火烧圆明园以后，皇上不再在御园上朝，军机章京也不来海淀轮值，此处宅园便闲置荒废了。

光绪十二年（1886）开始，西太后将被焚后的清漪园改建为颐和园。在仁寿殿南侧修建了军机处值房，在东宫门外大牌楼西南方、外务部公所东邻，修建了两座四合院，作为满汉军机章京的外直庐。原来在挂甲屯的汉章京外直庐七峰别墅，成为军机大臣鹿传麟的宅园。海淀军机处的满章京外直庐，被李莲英攫为己有。但李莲英并不在此居住，而是让他的兄弟李春圃及其一家住此。直到新中国成立前，还有其兄弟过继给他的后代住在军机处五号这座四合院里，这人还曾经当过"联保长"。

李莲英另两处宅园，也是在这同时，即光绪十七年（1891）、十八年（1892）弄到手的。他也是未花分文便成了房产的主人。修建颐和园的工程，是由协助醇亲王办理海军事务的奕劻和总管内务府大臣兼管营造司事务的立山具体操办的。立山是京城有名的"财神爷"，在官场中很活跃，很会办事。他为了走李莲英的门子，求他在西太后面前多说好话；他观察到李莲英想在海淀镇办房产，便调用修建颐和园的砖瓦木料，建成了另两处李莲英公馆。

碓房居的李宅，地处海淀台地西缘，下临港沟北流的小溪，

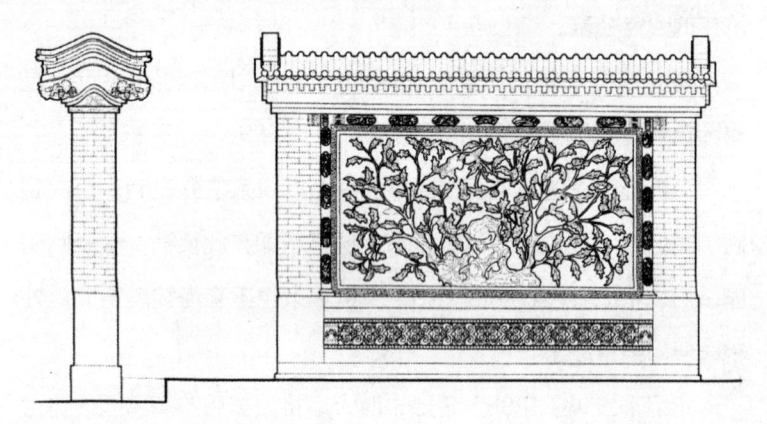

彩和坊李宅砖雕影壁测绘图

东距石板御道很近。大门建清水脊门楼一座，门侧立两尊汉白玉雕石狮和一对上马石。门前建八字影壁一堵，壁面嵌砌凤凰百花图案纹饰，精致而又壮观。

宅园分为中东西三路。中路为四进四合院：一进院有回事房；二进院正厅五间，为会客厅；三进院敞厅五间，为休息纳凉之所；四进院正厅五间为寝居之地。前后四座院落都建有东西配房，并有游廊相连。

宅园东路为花园。进园迎面叠置假山一座，山后丛丛翠竹迎风摇曳。竹林中建一座花厅，两卷鸳鸯歇山顶，前出抱厦三间。花厅陈设着名贵的盆栽花卉，清新典雅。花厅东行折南，建一道饰有彩画的游廊，直通小石山上的单檐六角小亭。游廊两侧散置形态各异的山石，栽种丁香、碧桃、西府海棠等各类花木，五彩缤纷，清香四溢。

宅园西路为车马库。库房前修一条长长的遛马道，直通西北

彩和坊李宅二进院正房

角大铁门。李莲英如果从颐和园骑马前来,便进此门。

碓房居李公馆是为李莲英居住修建的。这里并没有什么三妻四妾,会见一些官员或熟人是有的。但李莲英在此居住的机会很少。

这处宅院,后来成为北京大学的教职工宿舍。

彩和坊这座李公馆,大门口有一个"李宅"的木牌,也是内务府大臣立山调用颐和园砖瓦木料所建。广亮大门坐东朝西,进门南侧为车马库,折而北为一座多进式四合院。起脊门楼南向,檐下镶嵌精致砖雕文房四宝纹饰。进门迎面建青砖悬山式影壁一座,方砖中心镶嵌凤凰牡丹团花,壁垛立面方砖心嵌有鸟戏荷花、菊引雀跃、松鹤延年、兰竹栖雀等纹饰,上有百花篮,顶砌密檐砖枋。折而西为屏门,前院三间南房,东西配房各三间,院正北建垂花门一座,门额倒挂横楣子雕饰梅竹喜鹊纹饰,两侧方形垂花，造型精巧。进门两侧有抄手廊可达东西配房。北建正厅五楹，前出廊。院中散置峰石，种植柏树和梧桐数株。后院建后罩房五楹，东西配房各三楹，有游廊相通。宅园东侧为花园。北部有敞宇三楹，是闲游休憩之地。

彩和坊这座宅院由李莲英胞弟李溢洲一家居住。

李莲英虽然没在彩和坊住过，但这里却是他死后停灵和办理丧事的地方。

李莲英聪敏机警，善伺人意，在清宫中颇受西太后的喜爱和信任。由不谙世事的小太监几年内便擢升为总管太监，恩赐二品顶戴。在宫中五十余年，怙势弄权，卖官鬻爵，广植私党，干预朝政，内自军机，外至督巡，无不与之结纳。戊戌变法时，构陷帝党及维新派。八国联军侵入北京时，曾随西太后逃往西安。返回北京后，仍然在新修复的颐和园里，全心伺候老佛爷。

在几十年的漫长岁月中，李莲英积攒下大量的财产。在河北大城老家，有耕地36顷，浮财无算；除去银号金店存款外，藏储于宫内的现银也有300多万两。在戊戌以前，他母亲还没死，就把自己的财产分成七股：把地亩按弟兄五份均分；把钱财按七份均分，两个妹妹同样有份；另外首饰珠宝每人分到七捧盒。他对侄子们说："财大祸也大！"提醒他们要时时警惕着。

西太后去世后，李莲英守孝一百天，以示深深的悼念。他经过慎重考虑，把历年太后赏赐的珍宝，共有七大捧盒，全部献给了隆裕太后。他说："这是皇家东西，不应该流入到民间。奴才我小心谨慎地替皇家保存了几十年。现在我年老体衰，乞求离开

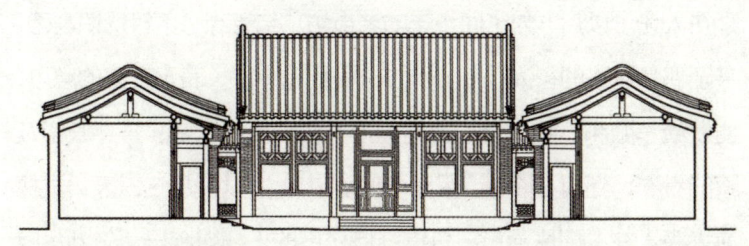

彩和坊李宅正房测绘图

宫廷。所有这些宝物，奉还给主子！"李莲英的言行，令隆裕深受感动，拒绝了他离开皇宫到南花园去养老的请求。

为西太后守孝一百天期满后，在宣统元年正月底，李莲英就向隆裕太后磕头告退。他说："我前后伺候太后五十二年，蒙太后的恩典，我这辈子报答不了！我离开宫以后，要给老太后守孝三年，稍尽奴才一点孝心！"就这样，李莲英悄悄地离开皇宫，不再出头露面。

宣统三年（1911）的清明节前，李莲英患"锁喉痢"病，便脓出血去世。在彩和坊李公馆停灵并办理丧事。他四月初四"殡天"，按京城习俗，初六接三，初七到初九三天开吊，初十点主，十一日发引。李家的人以"亡人入土为安"为理由，匆匆就埋葬了。

彩和坊李宅停灵期间，沿用了"舍孝"即"大破孝"的老例。北京"舍孝"的习俗，

彩和坊宅壁画

是在人死了以后，为了同多年的老街坊广结善缘，不管认识与否，甚至偶然过路的行人，只要能走进灵棚磕个头，表示哀悼的意思，便发给孝服和一顿饭食，包括一顶孝帽，一条孝带，一件长不及膝的孝衣，还有三个馒头和一碗粉条肉。所以开吊这三天，灵棚前人来人往，门庭若市。负责维持秩序的人随时疏导，做到吊唁的人随来随走，避免扎堆儿。

前来彩和坊吊孝的人，还有一些达官贵人和宫内老相识。初六那天，传来隆裕太后懿旨，按大臣礼恤赏赐治丧银1000两。朝廷大臣张勋、姜桂题等头面人物亲来李宅吊唁。与李莲英同在乐寿堂伺候西太后的"梳头刘"的夫人——宫女何荣儿，也前来吊孝。梳头刘名叫刘德盛，是专为西太后梳头的太监，是李莲英的徒弟。世人传言李莲英"以善梳新髻得慈禧太后宠信，由小太监擢升总管"，全是无根据的猜测和讹传。刘德盛因慈禧一句话而娶乐寿堂宫女荣儿为妻，害得荣儿与这个太监终生相伴，守了一辈子活寡。刘德盛接到李莲英的妹夫、内务府郎中白来曾（寿山）派人送来的报丧帖子，不忘师傅旧恩，因得病在床无法行动，便请夫人何荣儿到海淀镇来吊孝。

何荣儿在事后回忆说："出殡是在彩和坊。大清朝已是残灯破庙了。尤其是李大总管，老太后一死，没有多大权势。家里的子侄又怕招惹是非，所以丧葬从简。在海淀彩和坊办事，就是怕在城里头招摇。不过为安抚当地穷人，也为了百年之后茔地的安全，采取了大破孝……有名的舍孝，没有很大的财力人力是办不到的。不过这样做相当露脸，也相当收买人心。他的孝事很快就收场了。"她还说:"李莲英死,我只开吊去过一趟。因为当时老刘生病,我是代他去祭奠一番的。又因为李家女客人很少,我也不愿意在那里抛头露面,坐车去坐车回,草草应酬了事。让人体会得出来,他家待人冷冷清清,似乎神不守舍。"(《宫女谈往录》)

　　李莲英埋葬在海淀镇西南十多里的恩济庄太监公墓。这座始建于雍正十二年的钦赐公墓,占地460多亩,埋葬着2700多位太监,是中国最大的太监墓园。李莲英墓位于墓园西部,占地20多亩。宝顶在墓地北端,修建在一座高高的土岗上。墓地由南往北依次排列有汉白玉石桥、石牌坊、五供、供案和宝顶。石坊东侧有一座四角攒尖方亭。石桥宽3米,桥身长2.3米。桥下是排水渠,以防墓穴渗水被淹。石五供两套,雕刻精美。石牌坊为四柱三楼,下有石座,面阔9.5米,南北宽5米,很有气派。石牌坊上端横眉上镌刻着:"钦赐大总管李公之墓",左右两侧的题字是:"阆苑风情"和"仙台缥缈"。牌坊正面石柱上的对联是:"通幽向明昭垂万祀,大中至正巩固千秋。"牌坊北边立有汉白玉墓碑两通,一为墓地记碑,一为"皇清花翎二品顶戴内廷大总管李公墓志碑"。墓志碑高3.5米,宽约1米,碑额篆书"永垂不朽",碑阴篆刻"流传奕叶"。碑文为其表侄王元炘所撰,族侄李璿书丹,极尽歌功颂德之能事。

　　李滢洲和弟兄们将李莲英安葬后,一直住在彩和坊李宅。在这里娶妻生子,撰写文章,出版期刊,度过了余年。新中国成立后,这里成为海淀区卫生局的办公地点。如今开办了一家餐饮娱乐企业。原有的三进四合院格局和主要建筑，大体保留完好，砖雕影壁上的牡丹团花展现如故。东部的花园早已毁弃了，现在也添建了三进院落。

  彩和坊李宅这座古朴的宅园，在 1999 年被定为海淀区重点文物保护单位。它记载着一位清代宫廷人物发迹、显赫、衰微的人生道路。

乡土文脉

　　海淀镇优美的自然环境，不但使众多的王公大臣钟情于此，同时也吸引了大量的文人墨客、书画名家在此寓居。他们的著述与画作，描绘了海淀镇的社会生活，展现了京西山林的风光景致，也记载了这片土地上的风土民情。

文人聚居的宝地

海淀镇地处御园紧邻，许多王公大臣在镇上修建宅园居住于此，也有很多人租住房屋于大街小巷。其中不少是文人墨客、书画名家。他们用生花妙笔，描绘镇上社会生活和京西风光，也有人著书作画，抒情言志，为中华文化留下了珍贵的遗产。

励廷仪长住槐树街

励廷仪（1672—1736），字令式，号南湖，直隶静海人，为刑部尚书励杜讷之子，康熙三十九年（1700）进士。官至刑部侍郎、吏部尚书、翰林院掌院学士。卒后谥号"文恭"。

为了到畅春园和圆明园上朝方便，他一直居住在海淀镇槐树街。戴璐《藤阴杂记》记载："海淀槐树街，励文恭廷仪休沐地。"这里是他散直后的京郊居所。当时金桧门先生散直后，曾借居槐树街励宅。他说励氏宅园可远眺西山，只见"云壑烟峦，蔚然在望"。因为西山又名"小清凉山"，励氏便将自己的书房命名为"小清凉山房"。他请张南华为山房绘画，自己在画上题诗一首：

路出郊西近,身依尺五天。
当年劳卜地,迟我问流泉。
散帙临窗下,群峰隐几前。
车音门外绝,兀坐意幽然。

与励廷仪同时入直南书房的汪文端等人,都有和诗。

励廷仪为人正直,忠于职守,干练多谋,深得康熙帝赏识。《清史稿》载,他在考中进士后,改庶吉士。"康熙四十一年特命南书房。四十三年授编修。遭父丧,既终,充日讲起居注官。累迁内阁学士,充经筵讲官,擢翰林院掌院学士、兵部侍郎。"

雍正皇帝继位后,知道康熙皇帝敕奖励杜纳"谨慎勤劳",对励杜纳父子有很好的印象,也格外予以肯定和信任。胤禛说:"励

2000年槐树街东口

廷仪侍直内廷，蒙皇考圣祖仁皇帝知遇之恩，教养有素。伊父尚书励杜纳老成端谨，学问优良。朕幼年在宫中读书时，资其讲论，至今念念不忘。"《清史稿》在评价励杜纳时，也说"杜纳学行醇粹，直禁廷二十余年，无纤芥过失"。雍正帝对"教养有素"的励廷仪，敢于任用，对他奏禀的建议，大多予以首肯和采纳；而别人弹劾他时，即予以疏解和保护。

雍正二年（1724），廷仪"疏言各州县团练民壮，当选习枪箭，勤加训练"。雍正予以肯定，并要求贯彻执行。朱批："此奏甚好。着该部谕直省督抚实心奉行。"雍正九年（1731），廷仪提出禁止废铁变相出口的建议，认为国家有"铁货不许私出外境"的明确规定。但好利之徒专收废铁熔化，运至近边近海地方走私，应加以严格查禁。此建议也被采纳。

对于励廷仪工作中的疏忽和错误，多次受到有关部门的揭露，并建议降职。雍正五年（1727）三月，励廷仪充会试正考官，因违例保属僚任职，部议降一级。皇上却批示从宽留任。八月，作为刑部尚书的励廷仪，因错误地同意将河南一件杀人案由"斩决"改为"监候"。部议"降三级调用，已革职应革任"。雍正御批"免革任"。两个月后又特命复职。

由于励廷仪办事认真，诸多奏请事项都得到贯彻落实。雍正七年（1729）十月加太子太傅，雍正御赐"矜慎平恕"匾额。

励廷仪喜好读诗写诗，汉晋唐宋以来的名家创作经验无不摭取吸纳，自道性情，不事雕琢，辞约而旨达，为人们所称道。张天扉评论道："公诗才情灿发，格律浑成，而性情温厚，措辞和雅。读之使人油然生忠孝之心。尤长于乐府歌辞，激昂磊落，自写胸臆。"励廷仪著有《双清阁诗稿》。他有一首《次答瞿云墀留别韵》诗，足以证明"性情温厚"评价之准确。他写道：

淹留拟判年，言别各凄然。
苦雨黄昏后，悲风落叶前。
萧斋悬客榻，匹马度寒烟。
属和知音少，相思欲辍弦。

诗人在槐树街的古槐下，与友人凄然话别，挥手望匹马在寒烟中消逝。黄花苦雨，落叶悲风，留下来的是萧斋中的客榻和无尽的思念。以后还能与谁诗酒唱酬呢！当励廷仪年近花甲、疾病缠身的时候，他还在上朝入直，到御园拜见皇上，享受赐宴的荣耀。但"夕阳苦短"的悲情，仍然在字里行间流露出来。他的《除夕》一诗写道：

十载长安遍岁除，于今情味较迂疏。
童心只喜年光换，壮志偏惊岁月虚。
淅沥声催残腊梦，氤氲香绕紫宸居。
趋庭叨得天厨味，又拜新恩出直庐。

雍正十年（1732）五月，励廷仪以病乞休，皇上予以慰留。闰五月因病去世，年64岁。雍正看到遗疏后，降旨："朕御极之初,励廷仪为皇考多年教育之人,擢用司寇。数年以来,谨慎小心,安详历练,克称厥职。是以特赐宫衔,晋秩冢宰,以示恩眷。秋官重寄,正资料理。今闻溘逝,深为伤悼!已命大臣往奠茶酒,其更下所司议恤。"

张宜泉授馆海淀镇

在清代乾隆年间,海淀镇上住着一位私塾先生,名叫张宜泉。当时,他算不得什么名人,但他留下了一部《春柳堂诗稿》,其中有几首诗是专写《红楼梦》的作者曹雪芹的。这是研究曹雪芹家世生平的稀有珍贵资料。因而,张宜泉如今成为一位令人瞩目的历史人物。

张宜泉,"先世曾累受国恩",为内务府镶黄旗包衣。他十三岁丧父,成人后丧母。由于应试未就,一度在畅春园任笔帖式,不久离职。因生计无着,就在海淀镇上以舌耕授徒为业。

张宜泉的住处是"西巷延扉尽野菜"(《自嘲》),位于海淀镇的西部,寓所周围长满了野草,偏僻的胡同,柴门蓬屋。家无长物,四壁蒙尘,"蛛丛牵

《春柳堂诗稿·高兰墅集》封面
(上海古籍出版社)

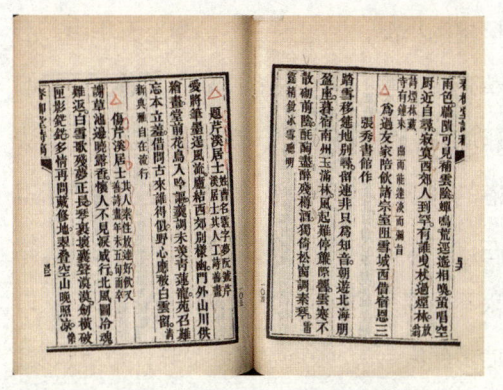

《春柳堂诗稿》书页（上海古籍出版社）

幕细，鼠迹印床疏"。他穷愁潦倒，孤独愤激，吟诗慨叹："奇穷不一收"，"吐气在何年"！他的思想性格是傲骨嶙峋，诙谐旷达，孤高自赏，苦中求乐。他曾写诗明志："唯有箪瓢多乐事，菜根细嚼更馨香"；"心思不教穷愁累，人世当存品格高"。他嗜酒好诗，善棋爱书："棋悠闲即着，书好静常摊"；"杯酒无日不淹留"，"一樽俱可傲王侯"！当时的海淀镇，距御园近在咫尺，镇上王公贵胄的宅园别墅比比皆是，穷塾师张宜泉敢写出这样的诗句，明显透露出他的叛逆性格和反抗意识。

大约在张宜泉发出"家门不幸，书剑飘零，三十年来，百无一就"的感叹的某个时候，曹雪芹离开京城，来到海淀镇上。此二人相遇，因家世相类，思想相通，便情投意合，结为挚友。即使曹雪芹在香山定居以后，他们依然频繁地往来。雪芹来海淀访宜泉时，宜泉就破灶添火，春灯剪花，"裁诗分笔砚，对酒捡鱼虾"，以致月斜长空，兴尽而卧。宜泉去香山会雪芹时，二人则曳杖烟林，信步废寺，登高望远，吟咏唱和，"携琴情得得，载酒兴悠悠"，远避尘嚣，其乐融融。

乾隆二十六年（1761）秋，曹雪芹在黄叶村迎来了张宜泉。

二人结伴出发，顺着樱桃沟小溪，经过退翁亭，攀上五华山，沿着荒凉的山径，踏着荦确的山石，来到破刹广泉寺同游。这里偏僻寂寞，人迹罕至。庙墙早已颓倒塌毁了，残碑上的字迹也无法辨认。只有秋蝉在稀落的树枝上遥相呼唤，蟋蟀在空荡的神厨里唱着凄凉的歌。二人在这里徘徊瞻眺，倾吐心曲，抚今追昔，感慨万端。曹雪芹是素来不轻易开口吟诗的，此时心情极好，顺口吟成一首七律《西郊信步憩废寺》。张宜泉仔细品味，诗意顿发，吟出《和曹雪芹〈西郊信步憩废寺〉》：

> 君诗曾未等闲吟，破刹今游寄兴深。
> 碑暗定知含雨色，墙颓可见补云阴。
> 蝉鸣荒径遥相唤，蛩唱空厨近自寻。
> 寂寞西郊人到罕，有谁曳杖过烟林。

张宜泉闲居斗室，有一段时间没见雪芹。他扫径张筵，空待好友，苦吟"何当常聚会，促膝话新诗"。然而等到的却是噩耗：雪芹著书未成，泪尽而逝。张宜泉来到雪芹著书的旧居凭吊，昔日深挚的友谊涌上心头，化成一首七律《伤芹溪居士》：

> 谢草池边晓露香，怀人不见泪成行。
> 北风图冷魂难返，白雪歌残梦正常。
> 琴裹坏囊声漠漠，剑横破匣影茫茫。
> 多情再问藏修地，翠叠空山晚照凉。

张宜泉在诗中充分抒发了他的怀念和感慨：谢草池边的晓露散发着香气，怀念我刚失去的朋友而泪流成行。那精致的画卷还在，人却永远逝去了。呕心沥血撰写的《红楼梦》，成为未完成的残卷。琴被坏囊包裹已成绝响，剑收藏在破匣里依然光芒四射。我满怀深情造访雪芹埋头著书的地方，夕阳映照着葱郁的西山，透着几分凄凉和悲伤。

张宜泉虽然几次迁居，却始终没有离开海淀镇。他对西郊的景物是很熟悉的。他曾披着曙光，在"残星翻近浪，初日动摇波"的长河岸边漫步；也迎着微风，在"蛙啼曲岸蒲风细，蝉噪长堤柳雨晴"的一亩泉畔逗留。他在古老的钓鱼台前，观赏"土山桃雨润，汀水柳烟凝"的苍茫景色；也曾在御园大宫门前，对"百舆花底散，千骥柳边来"的世象，掷以鄙弃的目光。《春柳堂诗稿》中那一页页"骨力深切，意味深厚"的诗篇，使我们看到了这位"溷迹樵渔""淡于利禄"的私塾先生的一幅清晰的剪影。

文庆相国长住集贤院

在道光和咸丰年间，军机大臣、武英殿大学士文庆，一直居住在集贤院，直到他去世。

文庆字孔修，费莫氏，满洲镶红旗人，官宦人家出身，曾祖父做过大学士，祖父做过两广总督。道光二年（1822）进士，是满族一位出类拔萃的有才华的朝中高官。道光十二年（1832）授礼部侍郎，兼副都统。道光一朝，文庆屡升屡降，屡踬屡起，却备受宠信，眷倚不衰。《清史稿》记载："十三年，总理孝圣皇后丧仪，会奏军民薙发及停止宴会期限书中，误引'百姓如丧考妣，四海遏密八音'语，下诸臣严议。宣宗以文庆翰林出身，随声附和，独重谴，递副都统降三品顶戴。寻复之，历吏部户部侍郎。"文庆历官内务府大臣、兵部尚书、军机大臣、翰林院掌院学士、协办大学士、文渊阁大学士、武英殿大学士，充上书房总师傅。道光帝去世前，曾御授顾命大臣数人，时任总管内务府大臣的文庆，便是其中之一。咸丰初年，恭亲王奕䜣被罢值军机后，皇帝选择文庆为首席军机大臣，成为权力最大又最受宠信的朝廷栋梁。

文庆的办事方式，不重虚名，推崇实在。他身为满族，却主张重用汉人。他说："欲办天下事，当重用汉人。彼皆从田间来，知民疾苦，熟谙情伪，岂若吾辈未出国门一步，憒然于大计乎！"他密奏咸丰帝："破除满汉藩篱，不拘资地以用人。"曾国藩在江西屡败，对曾氏疑忌者多欲贬抑，文庆却极力保全，认为曾氏负时望，能杀敌，终当建非常之功。胡林翼早年江南科场案失察，丢官降级，文庆却知其才能，屡次密荐，由湖北按察使而湖北布政使而湖北巡抚。凡胡林翼奏请诸事，上谕无不听从，都是文庆暗中相助。

文庆长期居住在集贤院，他所结交的朝中官吏、同僚门生，也多为汉族的文人学者。他还腾房腾院请他们住进园内来。文庆与他的门生彭蕴章，既是同僚又是诗友，交往频繁，诗酒唱和，留下不少文坛韵事。文庆喜读杜甫诗作，有一次吟成一首《读杜少陵诗》：

> 寂寂萧条月光侵，闲携诗卷漫长吟。
> 虫声四壁客怀静，花影一帘秋声深。
> 磊块自浇名士酒，苍茫独创盛唐音。
> 江湖满地谁知己，千秋低怀感不禁。

彭蕴章读到座师的诗作，颇有同感，便将自己的悠悠思绪，记成一首《读杜少陵诗和孔修师韵》：

> 剑外苍茫白发侵，满腔幽愤托狂吟。
> 胸中巫峡波涛壮，病里沧江岁月深。
> 尽扫浮华追正始，力扶大雅振元音。
> 浣花心事存忠爱，接迹风骚思不禁。

咸丰二年（1852），孔修斋寓盆桂盛开，吟成一诗，展示给彭蕴章。彭氏当即和诗一首，诗中称集贤院为"花石园庭""秋山佳处"；诗之尾联为"槐黄时节追随久，满眼风光又此辰"。意谓道光二十三年（1843）癸卯乡试，提调顺天秋闱，孔修为监临，彭氏曾随侍一月之久。今年又届壬子秋试，恰好重逢桂花盛开时节。那香气袭人的桂花，让师生二人回忆起那些难忘的亲密共事的岁月。

咸丰五年（1855），文庆"复为军机大臣、协办大学士"。说是"复为",因为道光十七年(1837)命文庆军机大臣上行走,兼右翼总兵,而在十九年(1839)因事"罢值军机"。这次重返枢垣,成为首席军机大臣,已过了十六个年头。此时彭蕴章也正是"在军机大臣上行走",他便写了《孔修师同直枢廷赋呈一首》诗,尾联说"望公早运扶天手,海内苍生息荷戈"。在当时内忧外患频发的危殆岁月,这也只是对座师的空幻的期盼而已。文庆和诗一首,写道:

瞥眼韶光电影过,枢垣重到感如何？
呼庚频告纡筹策,洗甲谁能共挽河。
地密心知垂戒切,材庸身惧受恩多。
吾侪努力思宏济,宵旰忧勤望止戈。

文庆报效皇上的雄心不能说不大,但这已是第二次鸦片战争波及京城的前夜,形势已至穷途末路,文庆和他的门生无论怎样筹措谋划也难挽危局了。

文庆于咸丰六年(1856)十一月去世。《清史稿》记载:"文宗深惜之,优诏赐恤,嘉其人品端粹,器量渊深,办事精勤,通达治体,赐太保,赐金治丧。"予谥"文端"。

彭蕴章写了悼诗《追怀座师文庆端公》:"一载结比邻,重来又是春。未堪多难日,更失老成人。渺矣追先哲,艰哉步后尘。墓庐知不远,欲荐涧中苹。"彭氏曾到数里地之外的西山之麓座师墓地去瞻仰,写出"眼看封马鬣,归路黯伤神"的诗句,表达对恩师的怀念。同直枢垣的王拯,也有悼诗《奉挽费莫文端相国文庆》：

> 艰难天步赖匡持，一夕横空甲马驰。
> 燕国才名思老辈，曲江风度冠当时。
> 乌虚作赋惭何用，慷慨论兵事岂知。
> 在日寻常身后觉，漫劳群辈写讴思。

一代著名相国去世了，文庆永远离开了集贤院。

翁心存家居集贤院

翁心存（1791—1862），字二铭，号邃庵，江苏常熟人。道光二年（1822）进士，改庶吉士，授编修，擢中允。历官督广东、江西学政，大理寺少卿，国子监祭酒，内阁学士，工部、户部侍郎，工部、兵部、吏部尚书，翰林院掌院学士，上书房总师傅，协办大学士，体仁阁大学士。卒于同治元年（1862），谥号"文端"。著有《知止斋诗集》。徐世昌辑《晚晴簃诗汇》的评语中，称翁心存"久赞讲帷，因事纳诲，计虑深远，发为歌吟，亦有讦谟定命气象"。

翁心存原来居住在澄怀园的乐泉西舫。他在咸丰五年（1855）迁居到集贤院，共住了五年，直到年迈退休，才在咸丰十年（1860）春离开海淀，迁居到宣南兵马司中街。

翁心存对集贤院周围的环境非常熟悉，不仅淀北的御园、赐园，就是镇西的丹棱沜、万泉河和双桥寺等地，也是他经常涉足的地方。迁来的这年秋天，当重阳节来临，人们纷纷去西山登高的日子，他却因赴西陵途中在涞水"跌伤右腕"，只好在集贤院抒写郁闷的心情："倦翮襟袿鹤在皋，伤秋人正怕登高。看囊未蓄三年艾，分韵谁题九日糕……"这位自称"白头旧尹"的伤秋之人，如同一只不能展翅高飞的白鹤，连行动都很困难，哪里还敢奢想重九登高呢！即使到了寒冬飘雪的时候，也只能观赏美丽的山景："晴雪远铺千嶂白，近山低衬一重青"；"起听双桥桥下水，流澌敲断玉玲珑"。

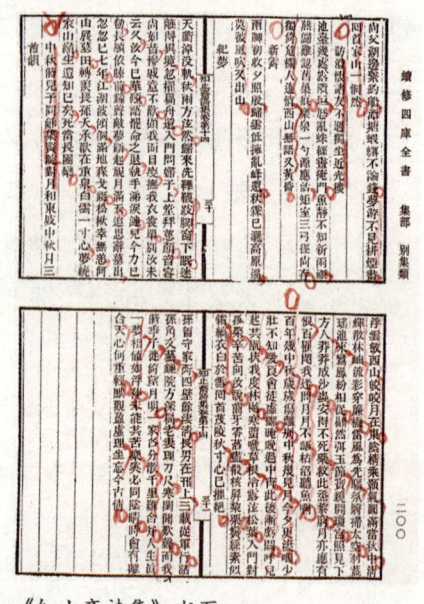

《知止斋诗集》书页

翁心存在咸丰五年（1855）岁尾，写下了《集贤院即事》一诗：

平池风过咸靴纹，愁绪如丝不可耘。
击絮繁声春梦碎，烹茶活火当炉熏。
寒浆酸味牙龈沁，榅桲微香鼻观闻。
病骨支离聊偃息，西窗卷幔数归云。

诗中呈现的是一位衰病的老人，支腕偃息，愁绪如丝，即使寒风阵阵，也吹不走满腹愁思。击絮杂声冲碎了幻梦，烹茶的炉火也不能送来些许温暖。百无聊赖中，嚼一颗被北京人呼作"红姑娘"的寒浆果，却酸透了牙龈。再用俗称"欧朴"的榅桲的微香熏一熏鼻烟，那黄橙般的果子更是让人心烦。随后卷起西窗的帷幔，细数那一朵朵北归的白云。这归云是一种寄托，一种象征，他是多么祈盼在江南战场上苦斗的儿子回归这平安的家园啊！

翁心存也不是生活在绝望之中。他仕途上虽然屡受挫折，却仍然是不断攀升，政治生活充满了希望。与前诗同时吟出的《集贤院晓起》一诗，也是他思想感情的一种抒发和表达：

> 寒月三五满，照我池上冰。
> 清辉相激射，上下晶光凝。
> 积雪冒曾岭，锋锷排崚嶒。
> 严霜被原隰，不辨畦与塍。
> 梦随宵概断，人逐寒雅兴。
> 殷雷会方轨，繁星灿华灯。
> 列宿渐韬影，日出万象澄。
> 长庚大如月，睒睒方东升。

在集贤院居住期间，翁心存身为翰林院掌院学士、尚书、协办大学士、上书房总师傅、体仁阁大学士，成为朝中权位最高的重臣之一，达到他仕途的顶峰。他在这年正月十七日，到圆明园正大光明殿恭赴廷臣宴,并蒙赐御制诗文及如意、绣蟒、文玩等物,从而以感恩的心情吟出对皇帝的颂辞:"华灯清籥九枝陈,萧露恩醲逮下臣。如乐之和双琯协,与民同乐万方春。"

翁心存有一项重要差务,就是负责清皇陵的修建工程,并恭理皇帝皇后的丧葬礼仪。道光三十年(1850)宣宗升遐,翁心存充任恭理丧仪大臣。咸丰二年(1852)三月,宣宗成皇帝梓宫奉安穆陵,礼成,赏加四级。咸丰五年(1855)七月,命偕王大臣恭理孝静康慈皇后丧仪。十一月,梓宫奉移慕东陵,礼成,赏加一级。咸丰六年(1856)十二月,命办慕东陵工程。咸丰七年(1857)四月,孝静康慈皇后梓宫奉安,礼成,赏加三级。咸丰十一年(1861)七月,文宗升遐,十月梓宫自热河还京,翁心存偕在京诸臣迎谒。同治元年,以梓宫奉移礼成,赏加二级。

咸丰五年(1855)九月,翁心存从海淀出发,去易州西陵,写了一首《发集贤院度卢沟桥》。其一写的是离开海淀时的情况:"征人梦逐晓鸦兴,天半朱霞旭采升。岗影万重凝黛髻,波光百顷浸丹棱。天边秋色凉如许,剩我幽怀吐未曾。忽忆五年前此际,风雷翊卫送桥陵。"翁心存此次是为修建孝静皇后的慕东陵而奔波忙碌。这是一项重要的工程。原来孝静皇后陵墓在清东陵马兰峪,因地宫浸水迁移到易州西陵。原建陵大臣官吏都遭到革职、抄家、系狱、流放等惨祸。翁心存必须百倍地谨慎小心,不能出一点差错,否则即有掉头的危险。

但是,这项工作能够经常出入京城,一时可摆脱拘谨的宫廷礼仪和城市喧嚣,远离枯燥的案牍生活,来到田野阡陌中迎风奔驰,也会带来恬静而愉快的心境。翁心存《道中口占》诗中写道:"石道嵯峨碍栈车,道旁秋色亦清嘉。疏疏密密丛芦叶,浅浅深深篱豆花。白怜荞麦如铺雪,黄爱葵花只向阳。一队骡纲山外到,微风吹过枣梨香。"他的《山居作》也表达了类似的情怀:"山居信可乐,胜在城市中。城市亦何者?堆案文书丛。我本麋鹿姿,早岁羁樊笼。兹来躬力役,心静万虑空。聊与群卉木,骀荡摇春风。米面值既贱,荠菜亦颇充。轻身饵茯苓,祛湿采鞠藭。一樽金澜酒,陶然乐融融。"

翁心存合家居住在集贤院。他常为已经长大的孩子们的命运和遭际而欢欣,而担忧,充满了期待和祈盼。他有三个儿子:长子同书,次子同爵,幼子同龢。他最为惦念的是同书,因为他正在南方为官,生活在与蓬勃发展的农民起义军进行战斗的前线。

翁同书,字祖庚,号药房。道光二十年(1840)进士。咸丰三年(1853)命赴江南佐钦差大臣琦善军事,咸丰八年(1858)六月授安徽巡抚。九年(1859)捻军和太平军联合攻陷定远,翁同书革职留任。同治二年(1863)流放新疆。

身居集贤院的翁心存,无时不在担心长子的安危。虽然有时军事行动较为顺利,蒙恩奖励赏戴花翎,偶尔获得一些宽慰,但更多的时候是思念,是担惊受怕。他多次寄书江南,叮嘱、劝慰、告诫,展现了一副慈父心肠。他在《寄儿子同书》诗中写道:"三年磨楯来江上,闻道萧萧两鬓皤。战骨白看春浪洗,烽烟青比乱山多。民劳须待疮痍复,师克全凭将士和。霖雨方蒙瓜蔓长,南风何日听铙歌。"在集贤院与幼子同龢共同赏月,更是团圆节日不团圆，合家凄咽伤离别，月凉露冷，寒螀哀鸣，四壁清寂。其根源就是"长男在邠上，三年从军行"。翁心存在《中秋集贤院对月》诗中发出深深的喟叹："一家各分散，千里难合并。人生真一梦，相值如浮萍。未能共苦乐，奚必同阴晴。时会有离合，天心何重轻。默观盈虚理，坐忘古今情。"

次子同爵，字玉书，咸丰间由荫生官主事。同治间累迁陕西布政使、湖北巡抚。光绪间署湖广总督。

官职最高、在清末影响最大的是三子翁同龢。同龢字声甫，号叔平，又号瓶庐。咸丰六年（1856）进士第一，授编修。历官中允、内阁学士、刑部户部右侍郎、左都御史、刑部工部户部尚书、军机大臣、总理各国事务大臣、协办大学士，为同治、光绪二帝师父。在中法和中日战争中，都是主战派，反对帝国主义侵略。他主张由光绪帝亲政，变法图强，向光绪帝密荐康有为。在光绪帝颁发"明定国是诏"后，被慈禧太后开缺回籍。戊戌变法后，又被"即行革职，永不叙用"。同龢以书法闻名于当世，著有《翁文恭公日记》《瓶庐诗文稿》。

翁同龢居住在集贤院，与父亲生活在一起。当同龢状元及第、金榜题名的消息传到居所时，翁心存正在易州西陵工地。这年是丙辰年，而族祖铁庵公是在康熙丙辰年进士及第，这真是幸运的巧合。"差喜吾家传盛事，科名偏在丙辰年"，便写出一首纪恩诗《得家书知儿子同龢廷对蒙恩擢一甲第一名赋诗纪恩即以勖之》，对心爱的状元儿子多有教诲勉励。诗中写道："为语汝曹须自立，家风清白守仪型。句胪三唱极峥嵘，若论科名胜父兄。敢说文章能报国，恐因温饱负平生。连旬尚待占霖雨，四海何时息甲兵。驿骑不劳频送喜，白头愁病卧山城。"

不久，翁同龢便迁出集贤院的家，出外做官。四年以后，母亲患病，他才趁到圆明园工作之便，又回到集贤院。《翁文恭公日记》庚辰年三月初十日记载："午刻，访慕杜，即赴园住集贤院。不到此者四年矣。"这是他最后一次宿住集贤院。

当翁心存一家在咸丰十年春夏之交迁出集贤院后，不到半年时间，这座著名园林便被英法联军的罪恶之火焚毁了。

北国水乡传诗话

海淀镇这座京西第一名镇，不仅居住着许多重要的政治人物和学者文人，还以著名的自然美景吸引着骚人墨客。他们吟咏出大量的诗篇，描绘这个北国水乡的秀丽风光，记载这里丰富多彩的生活，流传着一则则动人的诗话。

允礼赞颂海淀风光好

允礼是康熙帝第十七子。在康熙年间，他还年轻，并未封爵，是个"白身"皇子。胤禛即皇帝位后，于雍正元年、六年先后赐封郡王、亲王爵位，并不断委以重任，历任满洲都统、理藩院尚书、工部尚书等要职,成为皇帝最为重用的亲王之一。他的赐园自得园位于圆明园西南隅,是占地最多的皇家赐园。

允礼做皇子时,住在西花园,距海淀只有一箭之遥。他写有一首《春光好》,盛赞海淀风光:

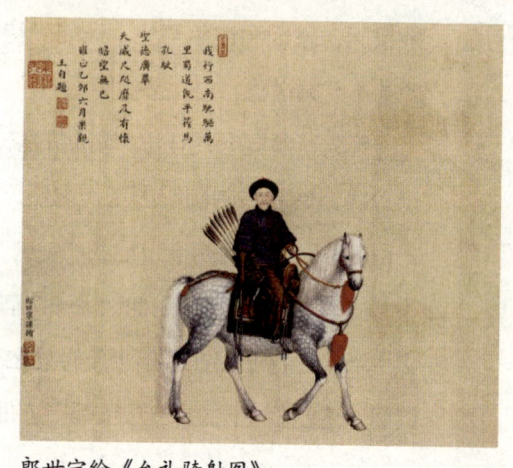

郎世宁绘《允礼骑射图》

<blockquote>
海淀春光好,溪流宛若耶。
遥山青过雨,细草绿平沙。
帘卷荷风入,花深小径斜。
一钩新月上,玉笛起谁家?
</blockquote>

康熙五十三年(1714),允礼写有《畅春园春日即事》,记下了这位十七岁的皇子对御园的观感:"东窗渐觉曙光生,上马临堤自在行。片片飞花旋地斜,枝枝细柳扑衣轻。禁门启处荷风畅,御辇来时瑞气迎。美景良辰无限乐,况当盛世泰阶平。"

这里不仅春天的风光很美,冬天也有诱人的魅力。"雪舞长空花满树,冰铺灵沼玉为田","莫谓春华芳事胜,西山周匝染清晖",这里可以欣赏"西山晴雪"的美景。允礼在御苑拥火读书,披裘玩雪,甚至仿效佛教修禅者那样,双足交叠趺坐在藜床上,低声吟诵东晋郭璞的《游仙诗》:"左挹浮丘袖,右拍洪崖肩。"

允礼对西花园的环境非常熟悉和喜爱,对园中景物和季节变化有细致而独到的观察。他在十四岁时写的《四时园居》一诗,不仅生动地写出了园内四季景观和他的园居生活,也展现了他的不俗才华。他对园中春景写道:"溪中碧水淙淙逝,亭畔花香冉冉垂。宛转流莺啼不住,往来间鹤步还迟";而三夏景色则是:"绕堤杨柳垂垂碧,出水芙蓉漠漠香。风度深林消暑气,泉鸣曲涧送新凉";淡淡秋容有郊园的清爽和宁静:"当门碧沼澄云影,拂槛凉风送鸟声。翠竹青青围户牖,黄花郁郁绕檐楹";肃杀的严冬则带有浓厚的北方特色:"沉香已就宣炉热,新茗还教活火煎。坐读正当梅绕座,行吟况值雪连天"。他和年轻的兄弟们,在与尘嚣隔绝的御苑中,恒对琴书,诗思泉涌,赏景观花,终朝啸咏,"灞桥风景何须忆,此地悠游即是仙"。这时年幼的皇子们,还没有达到身心成熟的年龄,他们生活在争夺皇位的残酷斗争之外,享受着悠然自得的日子。

允礼跟随父兄最常去的地方是玉泉山和香山,那里建有皇苑静明园和香山行宫。他在康熙五十九年(1720)五月泛舟到玉泉山。因为玉泉乃是暖泉,这里的花期都提前若干天。他欣喜地看到玉湖的荷花已经绽放,便高兴地写道:"应是上林多瑞气,能教五月放池莲",称玉泉为"仙泉"。

第二年,允礼又造访玉泉,对这一带的江南风光赞叹不已,便仿效唐代张志和渔歌体,写了四首《渔歌互答》:

> 桃花暖浪三汊口,几个渔舟系垂柳。
> 沧浪客,烟波叟,欸乃一声处处有。
>
> 荷叶平铺裂帛湖,渔歌两两声相呼。
> 疑楚调,似吴歈,南汛一夜满平芜。
>
> 玉泉山上枫叶赤,玉泉山下芦花白。
> 网金鲤,钓银鲫,棹歌断续暮山碧。
>
> 青龙桥上雪漫漫,青龙桥下水团团。
> 吹短笛,收长竿,前船后船歌声寒。

这支渔歌,将玉泉山下、瓮山泊(裂帛湖)畔、青龙桥上的独特风光,刻画得细致入微,把春夏秋冬不同季节的水乡景致,活脱脱地呈现在人们面前。如果不是点明了山水地名,人们还以为是江南某处渔乡的画面呢!人们可以看到:盛满玉泉水的玉河(即北长河)也是"暖河桶",在寒冬腊月,青龙桥上大雪弥漫时,桥下仍是水流"团团",蒸腾着缕缕热气,以致水面上传来断续的棹歌,依然在清冷的空气中飘荡着,回旋着。如果不是十分熟悉当地的自然地理环境,绝不会写出这样令人疑惑却又真正贴近实际的诗歌。

允礼经常登上香山,在这块险峻秀美的山水风景胜地漫游。他欣赏遍坡红叶"朱霞片片明初日,彤壑层层映夕阳";也赞叹西山晴雪"日暖无风雪半凝","朗然心彻玉壶冰"。他瞻仰了十方普觉寺的青铜卧佛和古娑罗树后,沿着退谷的曲径磴道,迤逦向北攀登,润水淙淙,万树交加,寻游五华寺,发现这僻静山巅竟是披云蹈雾,别有洞天。允礼还沿鬼见愁北侧,踏着天宝山崎岖陡峭的山路,登过街塔岭,目睹了挖煤窑民的辛苦。他们佝偻着羸弱的身躯,"负煤出穴,不胜其苦",使这位享受着锦衣玉食的皇子,也发出了"深穴灯明人体黑,辛勤肩负汗斑斑"这样带有几分同情和怜悯的慨叹……

纳兰性德挥笔写海淀

纳兰性德与海淀有不解之缘。他作为康熙皇帝的御前侍卫,时时守护在皇帝的身边。玄烨驻跸香山、玉泉山行宫时,他栖身海淀。无论皇帝到碧云寺、大觉寺,还是到黑龙潭、龙泉寺,他都紧紧跟随,并一一留下诗篇。即使退朝休息,他在玉泉山下有与诗友聚会的渌水亭;在海淀镇南双榆树建有别墅,与他的夫人

纳兰性德像

同住；在山后皂甲屯纳兰氏祖茔旁，修建了一座花园，可以前去祭祖和休憩。

纳兰性德虽然出身高门大户，颇得皇上信任，但他却厌恶侍卫的殿前宿卫、上马随扈的刻板生涯。他甚至想远离京师，放弃功名，去过隐居生活。朋友说他"身在高门大厦，常有山泽鱼鸟之思"。

这位清代第一大词人，对海淀是再熟悉不过了。他吟成一阕脍炙人口的词《明月棹孤舟·海淀》：

> 一片亭亭空凝伫，趁西风霓裳遍舞。白鸟惊飞，菰蒲叶乱，断续浣纱人语。丹碧驳残秋夜雨，风吹去采菱越女。辘轳声转，昏鸦欲起，多少博山情绪。

纳兰性德在这阕词里，竟把一个宅园林立、朝官云集、"水光稻花似江南"的海淀，写得凄迷索漠，孤寂昏暗。这正是他厌恶宫廷生活思想的曲折反映。上阕写词人长时间地伫立在莲湖之滨，凝视那一片衰败的残荷，荷花随西风摇摆，好像跳起霓裳羽衣舞。香蒲和茭白修长的绿叶吹乱了，惊起的水鸟飞逝了，传来浣纱人断续的谈话声。空、惊、乱、断续，渲染出深深的孤寂的情调。下阕进一步抒写秋雨中的海淀夜色。秋风秋雨吹打得勉强支撑的荷株，叶碎花残，丹碧斑驳。那湖上采菱的少女也让秋风吹走了；浇园的辘轳声戛然而止。只有那不祥之鸟——乌鸦，在黑暗降临时却振翅欲飞。诗人在博山炉袅袅青烟中，充满了凄迷、孤寂和烦恼。秋风秋雨愁煞人！面对风光如画的海淀，把如此瑰丽多姿的水乡涂上了浓烈的凄苦的色彩。

康熙十九年（1680），玄烨在玉泉山金章宗芙蓉殿的基址上，修建了行宫澄心园，并在当年十二月驻跸于此。《康熙起居注》记载："康熙十九年十二月二十日己巳。是日驾出南苑，驻跸玉泉山。"性德随驾莅园，饱览玉泉山隆冬景色，写了一首《玉泉》：

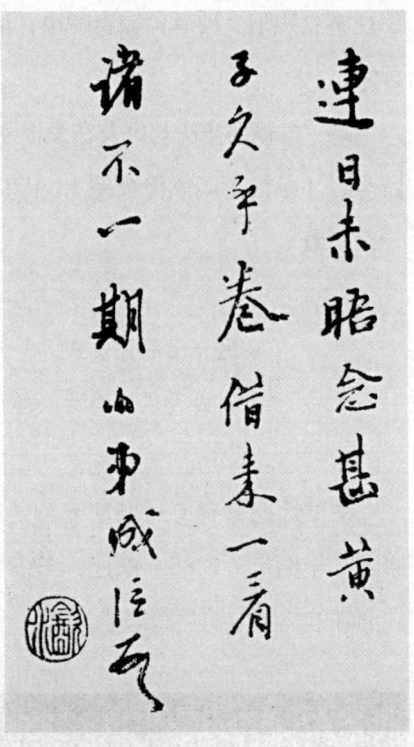

纳兰性德手迹

芙蓉殿俯玉河寒，残月西风并马看。
十里松杉清绝处，不知晓雪在西山。

在海淀镇南二里的双榆树村，纳兰性德修建了一座"西郊别墅"，取名桑榆墅，与夫人卢氏居住在此。但卢氏在结婚第三年（康熙十六年）即去世了，纳兰性德曾多次填词悼亡。一阕《浣溪沙》表达了他苦苦的思念："谁念西风独自凉，萧萧黄叶闭疏窗。沉思往事立残阳。被酒莫惊春睡重,读书消得泼茶香。当时只道是寻常。"

纳兰性德还多次与好友在桑榆墅相聚。他与顾梁汾交往频繁,曾写过《桑榆墅同梁汾夜望》《偕梁汾过西郊别墅》等诗。这后一首写道:

迟日三眠伴夕阳,一湾流水梦魂凉。
制成天风海涛曲,弹向东风总断肠。

纳兰性德著有《通志堂集》,包括词集《饮水集》等。他在康熙二十四年(1685)病逝,年仅31岁,葬于望儿山以北的南沙河畔的皂甲屯纳兰氏祖茔。

作者等人在纳兰性德史迹陈列馆开馆典礼上

纳兰性德被后人誉为清代第一大词人，他的词被很多人所推崇。为纪念他，2000 年，人们在海淀区上庄镇皂甲屯修建了纳兰性德史迹陈列馆。

顾太清抒写海淀特色

顾太清（1799—1877）是清代著名的文学家，尤其以诗词闻名于世，素有清代"满族词人，男中成容若，女中太清春"之誉。她与清代第一词人纳兰性德（容若）并称，被誉为"清代第一女词人""清代词后"。

顾太清是满洲镶蓝旗人，西林觉罗氏，名春，道号太清。她在结婚时改姓顾，文学史上习惯称顾太清。她在嘉庆四年（1799）生于北京西郊香山健锐营，卒于光绪三年（1877），享年 79 岁。著有诗集《天游阁集》、词集《东海渔歌》，诗词合计 1400 余首；还著有长篇小说《红楼梦影》，是曹雪芹《红楼梦》的续书。

顾太清在 26 岁时嫁予奕绘贝勒，成为侧室夫人。奕绘是乾隆皇帝第五子荣亲王

《天游阁集》中的顾太清手迹

永琪的三世孙,著名的满族学者、诗人和书画家,著述颇丰。为上朝方便,奕绘太清夫妇在海淀镇西侧的双桥寺租房居住。他们对双桥附近的水乡风光非常喜爱,写有大量诗篇。奕绘的《清明双桥新寓二首》其一写道:"小寺双桥接,红墙绿水湾。买鲜湖岸侧,系马柳林间。客寓新移榻,禅扉望远山。清晨春雨足,闸口听潺潺。"太清当即和诗二首,其一为:

<blockquote>
萧寺垂杨岸,明湖第几湾?
去来今日事,二十五年间。
碧瓦凄春殿,玉峰看远山。
僧窗对流水,欲往听潺潺。
</blockquote>

太清对双桥寺并不陌生,她在25年前的嘉庆十四年(1809),就曾随父游观此寺。

太清夫妇很喜欢葫芦,在寺内居室几案上,摆放着葫芦制成的香盒和茶盘。这是康熙年间太监智珠精制的珍贵工艺品。阶前屋后用竹木结扎成几排篱笆,上边缀满青白色的葫芦,居室便命名为"葫芦庵"。太清写有《葫芦诗》:"手种葫芦垂满架,粗枝柔蔓互交侵。风吹翠羽轩轩举,人坐秋凉淡淡阴。照夜青花开白雪,济川微物抵黄金。可能涉及壶中乐,造化根源着意寻。"奕绘有一首《葫芦庵对雨》写道:"奏事西园罢,僧房且独闲。凉风动秋树,雾雨暗群山。太道离尘俗,人情重往还。门前泥一尺,车马尚追攀。"

太清有一个女儿，为奕绘前妻太华夫人所生，名叫孟文，嫁予蒙古亲王车登巴咱尔，住在海淀镇上南海淀车王园里。太清经常到镇上看望孟文，关心她的生活和健康。道光二十五年五月初，听说女儿患病，便前来探视，并写下一首《端阳前一日往海淀探孟文病车中口占》：

夏日驱车趁晓行，罗衣消受好风清。
一条官路朝初散，五月新蜩年乍鸣。
麦浪翻翻犹秀穗，杨花点点已浮萍。
远山浅黛如含笑，爽气朝酣宿雨晴。

很快就要看到女儿了，沿途目睹京城西郊的远山近水、御路清风和杨花麦浪，一派初夏景象，心情是很不错的。

顾太清诞生在海淀，又生活在海淀，进荣亲王府后仍不断住居于此，并常到西郊各处走动，所以非常了解海淀的乡情地情。她有两首诗，看似平淡实为深邃，对当时海淀的自然和社会面貌进行了高度的概括。一首是《雪后往海淀书所见》：

顾太清老年像

> 微阴澹日酿春寒,地接离宫石道宽。
> 雪满远山云里现,烟开御柳画中看。
> 墙头村妇窥游骑,树底耕牛卧草栏。
> 十里香尘吐紫陌,悠悠冠盖退朝官。

另一首是《清明雨后往香山书所见》:

> 迎面西山晓气融,飞鸦群舞陇头风。
> 长堤杨柳因谁绿,破庙桃花也自红。
> 叱犊声催村舍外,浣衣人在画图中。
> 果然好雨知时节,处处耕耘兆岁丰。

海淀建有离宫,不只有御园畅春园和圆明园,有万寿山清漪园、玉泉山静明园、香山静宜园,还有倚虹堂和钓鱼台行宫。这里是几代帝王处理政务和悠游憩息之地。从西直门通向离宫的石板路是为御路,御苑内外及御道旁的杨柳称为御柳。在御道紫陌上过往的是那些或乘轿或驱车或骑马的皇亲贵胄和朝廷大臣。他们退朝后,朝冠朝服还没有脱掉,或返京城回官衙,或去宅园寓所,或去饮宴赏景,个个踌躇满志,悠然自得。这是海淀地情的一个方面,反映了海淀地区在政治上的重要地位。另一方面,海淀又是京城近畿,山水花树宛若江南,并有农田耕作和稻海麦浪。诗中的"雪满远山"和"西山晓气",把西方群山和燕山八景之

《顾太清与海淀》封面

一的"西山晴雪"指认出来。"长堤"自然是指长河之堤和昆明湖的十里长堤。二诗的颈联描绘出两幅海淀的生活图景。一幅是：在无边稻海中，有一座淳朴的村庄。农舍旁辛勤的农夫正在吆喝耕牛返回草栏，浣衣姑娘正在湖畔捶洗衣衫。另一幅是：几名村妇在墙头偷窥石路上骑马的游客，柳树下牛栏里的耕牛正在悠闲地吃草。这里溪湖纵横，绿柳成行，牧牛郎和浣衣女都在辛勤地劳作。这是海淀六郎庄一带农村风光的艺术表现和真实写照。太清这两首诗只短短十几行，就准确地勾勒出海淀的地域特色。这只能是海淀，在其他地方很难寻觅到同样的景观。这些诗篇，是太清对故土的描写，字里行间透出深深的亲和与爱恋。

　　顾太清是海淀这块宝地诞生和成长的杰出词人。她以生花妙笔记录她生活的那个时代的社会风貌，抒写她独特的生活阅历和心路历程，描写京城近畿这块多彩又多情的土地。她那一篇篇优美深邃的诗篇和辞章，是闪烁在中国文学史上的一串璀璨耀眼的骊珠，是供世世代代中国人鉴赏和吟咏的稀世经典，是我们取之不尽的宝贵艺术财富。我们要像怀念和追忆曹雪芹和纳兰性德一样，记住这位名耀千古的乡亲。

海淀通英和写海淀

英和（1771—1840），姓索绰络氏，字树琴，号煦斋，汉名石桐，晚年自称"脀叟"。满洲正白旗人，礼部尚书德保之子。他在乾隆五十八年（1793）23岁时中进士，散馆后授编修，递升侍讲、侍读学士。嘉庆朝因才华出众和前朝不肯依附和珅，受到皇帝重用。历任户部、吏部、礼部和理藩院侍郎，八旗满汉军都统，工部、户部尚书，协办大学士、军机大臣等要职。

英和家族满门翰林，几代为官。在道光年间，他的长子奎照授总管内务府大臣、工部右侍郎；次子奎耀授翰林院侍讲、詹事府右庶子；长孙锡祉中试进士，授庶吉士、国子监司业。因英和一家四代出了五位翰林，成亲王永瑆题写了"祖孙父子兄弟翰林"的匾额，被誉为"满洲科第第一人家"。

英和一生都居住在京城西郊，在海淀镇周围工作和生活，写了大量关于海淀的诗文。他的足迹遍及西郊的山川溪湖、风景名胜、园林寺庙、旗营村镇，了解这里的社会现状和历史掌故，是名副其实的"海淀通"。

英和在嘉庆年间住在海淀镇北三里的澄怀园，写有多首游湖、观荷等游园诗。他的《近光楼对雨》写道："旬余不雨热难支，喜见浓阴布四陲。帘幕卷来闲远眺，菱荷深处最先知。衔泥紫燕全垂翼，吐沫金鳞一鼓鳍。车马声稀尘迹少，高楼独坐又吟诗。"

嘉庆道光年间，英和住在海淀镇西北三四里的挂甲屯依绿园（承泽园）。他写了《依绿园十四咏》《依绿园十四事》等几十首诗,对依绿园内的卷阿承荫、信果堂、槐荫轩、致爽楼、听泉榭等主要建筑景观一一进行描绘,对建筑风格特点、命名缘由及实用功能,都有清楚的交代;对他在园居生活中的读书、临帖、习射、观鱼、泛舟、垂钓、采莲等日常活动,也一一真实地予以再现,显示出园主人生活的丰富多彩,展现了这位改革家和诗人的崇高精神世界。

英和在道光十六、十七年间,曾到山后温泉西侧的城子山观颐山墅(水塔花园)住了一年多。他在这座深山花园写了《观颐山墅十二咏》《山居杂咏二十四首》等大量诗作,编辑结集为《植杖集》。他还乘暇写出了一部《恩福堂笔记》,将昭代掌故、家族历史、从政经验和寺庙景观等,细细道来,成为与《居易录》《池北偶谈》并列的随笔名著。

在英和写海淀的诗作中,有两首在不同季节写《海淀道中》

致爽楼

的诗,颇为耐人寻味。一首题为《初夏海淀道中即事》:

> 野色望无边,沿堤漫着鞭。
> 柳飘千片絮,荷点一溪钱。
> 藤影摹张草,山云学米颠。
> 平生多逸兴,对景便悠然。

另一首是《雪后海淀道中》:

> 蜡屐出西郊,层层冰雪积。
> 放眼得奇观,一片寒光白。
> 奔驰有凤缘,到处留鸿迹。
> 为想灞桥边,应有寻梅客。

诗抄书页《雪后海淀道中》

英和作为诗人、画家和书法家,熟悉海淀的自然风光和人文环境。他在宜人的初夏,自在地沿堤摇鞭驱车前行。清溪中初生的荷叶像一枚枚圆钱;片片新生的柳絮在晴空飘飞。青藤的枝蔓盘桓交错,如同书圣张旭那龙飞凤舞的书影;西山顶上的白云学着米芾挥动彩笔的样子,幻化成一帧苍劲又灵动的狂草珍品。英和平生就有题字绘画的逸兴,观赏着海淀的旷世美景,悠然诞生了挥笔纪实题诗的雅兴。在数九隆冬大雪纷飞的日子,英和行进在海淀道中,远望西山凝素,万壑晶光,近观琼树瑶葩,冰清玉洁,世间的一切都被白雪覆盖着。但英和

"奔驰有夙缘，到处留鸿迹"，他凭着自己的从政经验和生活阅历，会沿着正确的方向，走自己独特的报国之路，在茫茫雪原中去探寻那株盛开的红梅。

道光八年（1828）九月，清东陵宝华峪陵寝地宫渗水，孝穆皇后梓宫被水浸湿，参与建陵的官员受到严惩。主持此项工程的总监英和，被革职系狱，籍没家产，流放到黑龙江卜魁城，即齐齐哈尔。道光十一年（1831）赦免回京，永远离开了政治舞台。英和于道光二十年（1840）六月初八去世。

斌良的海淀情结

斌良（1781—1844），字吉甫，号梅舫，一号雪渔，姓瓜尔佳氏，满洲正红旗人。由荫生历官刑部侍郎、驻藏大臣等。工诗，以一官为一集，计有八千首。由其弟法良汇刊为《抱冲斋诗集》。另有《眠琴仙馆词》和《乌桓纪行录》。《清史稿》有传，称他的诗风随着他为官过程和社会经历而逐渐转变："其早年诗，风华典赡，雅近竹垞、樊榭。迨服官农部，从军灭滑，诗格坚老。古体胎息韩魏韩杜苏李；律诗则法盛唐。秉臬陕豫，奉召还都，时与陈荔峰、李春湖、叶筠潭、吴兰雪唱酬，诗境益高。奉使蒙藩，跋马古塞，索隐探奇，多诗人未历之境，风格又一变，以萨天锡、元遗山自况。"

因为斌良长期居住在海淀镇附近，在《抱冲斋诗集》中有大量抒写京城西郊景物的诗篇。在道光年间，斌良租住在镇西北挂甲屯的大树庵，与僧人碧峰长老极为熟稔。居室殿壁上有个一尺深的巨型凹洞,长老说这是嘉庆九年雷雨时毒龙留下的爪痕。道光六年夏天,斌良在寺内也恰逢一场大雷雨。疾风撕破了窗纸,寺僧送来袈裟蒙住窗户,才勉强能遮挡风雨。据此,斌良绘制了一幅《僧庐听雨图》,并题诗记载其事。斌良有《赠大树庵碧峰长老》一诗,艺术地记载了这段史实:"头白山缁念虑空,卅年来往一庵中。檐牙影静栖香鸽,壁爪痕留记毒龙。雨障袈裟图早就,袖笼灯槊句偏工。垂情只有楞伽佛,荣悴年来视总同。"斌良还在退朝闲暇自制一台仿汉雁足灯,委托碧峰长老转赠给户部尚书张祥和。后来张祥和来大树庵时为此题诗:"携得大光明一盏,老僧袖里出袈裟。晚归燃烛凉室净,先照檐前蔷葡花。"

斌良借居大树庵,心里早就想到海淀镇租房来住。他在一则诗注中写道:"余欲于西淀觅屋,为退食之处,未果。"道光二十一年二月二十八日,斌良在御园太仆寺值班,已商谈好凭居海淀镇上"朱家小庐"。但退直后前来投宿时,朱庐已被介春将军耆英"先期解鞍凭住",只好在一亩园一家古桑小院"杨家楼"临时卜居。晨起写有题壁诗句:"偶值将军住碧油,逡巡小逊扇湖头",折射出他对海淀的向往。

海淀镇是斌良经常落脚的地方。他写有一首《西淀散值晚归》:

> 散直廊餐未夕阳,迟归贪趁晚风凉。
> 车穿柳陌渔濛碧,衣染荷花淡沱香。
> 退想自然随境乐,澄心不觉在官忙。
> 闲鸥对岸休回避,我本烟波笠屐狂。

他还有一首《七月中元节至南海淀书即目》：

连宵澍雨减炎蒸，呼仆教添半臂绫。
笑看街头小儿女，绿荷叶上飐秋灯。

斌良在诗中，不仅写了朝官在退直后的生活内容及情趣，还将海淀镇上的民众活动作了生动的描写。镇上向来有中元节放河灯的传统习俗。届时，在镇西的河湖水面上，漂浮着一盏盏荷花灯，都是用彩纸做成的一朵朵绽放的莲花，花下用茄子作托，中间插上点燃的蜡烛，慢悠悠地在河面上飘荡。大人和小孩子兴冲冲地在岸上围观。穷人家的孩子买不起莲花灯，便自制荷叶灯：折一枝荷叶，把蜡烛用竹签插在中心的叶柄上。一群孩子举着荷叶灯在街上比赛，欢笑奔跑着，还不停地有节奏地击掌高喊："荷叶灯，荷叶灯，今儿个点了明儿个扔！"斌良的诗句，正是海淀镇这一民俗活动的真实记录。

斌良也是莲花白酒的喜好者。他把在御酒产地海淀镇、六郎庄以及昆明湖畔饮酒，看作人生一件乐事。他在诗中写道："稻香吹满水西村，深锁双桥掩寺门。输于苾刍无个事，菊苗分种自移盆。""堤畔渔庄号六郎，莲泾围住柳丝乡。商量我欲移家住，酒美粳香恣饱尝。""银塘迢递界中央，稻垄莲汀错绣场。舟掠菰蒲惊鹭起，半天晴雪满身香。""停车紧傍锦牌坊，桐帽蕉衫趁午凉。近摘荷鲜紫菱脆，旋沽林酿白莲香。"海淀镇不仅距御园很近，上朝退直便当,这里的莲花白酒、粳稻胭脂米和慈姑、菱角等水生蔬菜,对朝臣们也有很大的吸引力。

附录:咏海淀诗选录

海淀是诗人的乐园,是孕育和诞生诗歌精品的地方。下边选录几首咏海淀古诗,与大家共赏。

海淀偶题

王嘉谟

颇讶鞭丝影,挞来日已斜。

半程西郭地,一水隔千家。

荒竹抽高笋,野桃报晚花。

丹青多殿阁,返照渺无涯。

海淀道中口占

弘 晓

莺藏嫩柳奏笙簧,策马西郊辇路旁。

欲问春光在何处?桃花历乱李花香。

海淀楼上远眺

吴存义

笑脱朝衫独倚楼,山容水态画深秋。

夕阳金碧云中寺，仙侣池台海上洲。
堤柳风高无倦鸟，渚莲露冷有闲鸥。
此间哪得江湖梦？却想烟蓑理钓舟。

海　淀
那逊兰保

曈昽初日霁郊坰，驮梦轻车晓出城。
一代山光分远近，万畦云影界阴晴。
打禾声里丰年乐，疏柳行中辇路平。
何处桂花香扑鼻？贵家楼阁尽峥嵘。

季夏友人招游海淀
王　熙

芳草埋孤径，虚亭受众香。
开樽依老树，席地接横塘。
菡萏红兼白，菰蒲绿渐苍。
临流吾欲醉，随意瓣莲房。

海　淀
田种玉

清秋人意豁，引兴到郊西。
金谷昔辉映，濠梁今品题。
插天石剑矗，拂地柳丝齐。

静悟疑身隐,荷香满袖携。

郊西诗

孙 楼

上苑春偏绿,西郊更可怜。

轻尘花半妥,斜陌柳初眠。

绿树莺声外,青山马首前。

夕阳南北淀,仿佛太湖田。

友人招游海淀不赴却寄

区怀瑞

羽扇驱蝇不暂闲,焦烟赤日掩重关。

输君匹马城西去,十里荷花海淀还。

京畿杂咏·海淀

张祥和

五侯台榭绮罗娇,南北分流淀海潮。

十里芙蓉湖作镜,风烟不减段家桥。

俗语乡谚见地情

人民群众中流传着很多俗语，如谚语、歇后语等。谚语是人民群众生产知识、生活知识的高度概括和总结，是群众智慧的结晶。谚语短小精悍，具有一定的哲理和教育意义。歇后语又称俏皮话儿，用群众熟知的诙谐而形象的语句，蕴涵一个简单的意思和道理。运用时可以隐去后文而以前文示意，也可以前后文并列。在海淀镇的居民中，流传着大量的谚语和歇后语。它们大多是北京地区和全国其他地区流传、融汇到本地区来的；也有相当一部分是本镇居民，长期以来自己创造、积累、演变、流传下来的。这后一部分，是在海淀镇特定的自然地理条件和社会生活里形成、演化和传播的，与镇上居民的生活及特定事物紧密相连，具有明显的地方特点，从各个方面真实而又生动地反映了海淀镇的乡情地情。

土特产俗语

海淀镇地处昆明湖畔、万泉河滨，自古就是"北国江南"的鱼米之乡，北京鸭的故乡。从明代起就有种植水稻的习惯，与此相伴的是鱼类虾蟹的养殖和各种水生蔬菜的广泛种植。莲藕、茭白、荸荠、菱角、慈姑、芡实这些北方饭桌上难得见到的种种鲜菜，这里都有生产。"枣儿熬的粳米粥，绿畦香稻粳米饭"，说的就是京西御田胭脂米的食用情况。

"六郎庄的柴火——逗（豆）秧子。"这个歇后语是海淀六郎庄一带水稻种植方式和生活习惯的生动反映。此地农民种稻，为了充分利用土地，增加粮食产量，又不妨碍稻株生长，便在田埂两侧播种两行黄豆。黄豆的秸秆俗称"豆秧子"，是农家烧火做饭的主要燃料（柴火）。豆秧子谐音"逗"秧子，意即乱逗、胡逗、瞎逗，事情本来不是这样，却偏说成这样，类似开玩笑。

"二两莲花白，一场蚂蚱秋"。海淀盛产白莲花，酿成特制的莲花白酒。口喝二两莲花白，能够度过一个有滋有味的"蚂蚱秋"。海淀稻田里有一种稻蝗，稻农称为"油蚂蚱"。每逢稻穗黄熟季节，蝗虫成阵，弹落谷粒无数，为害甚烈。油蚂蚱通身黄绿，体长盈寸，鲜肥而带香气，可用香油炸熟，加葱花、白酱油烹制，香脆味美，为海淀独有的佳美食品。每届稻秋，农民用抄网或地灯在田间诱捕，很容易捕到一篮或一筐。再将稻蝗装进麻袋，运到海淀街上，在龙凤桥、西上坡一带摆摊叫卖。这是一个热闹红火的蚂蚱市场，让镇上居民在莲酒飘香中度过一个"蚂蚱秋"。

"北京鸭吃食——全靠填！"道出了海淀一带北京鸭饲养方法的独到之处，即鸭吃饲料全靠人工填喂，定时定量，强制育肥。与此相关的歇后语还有："北京填鸭——定食"；"北京鸭走路——摇摇摆摆"等。

"红花莲蓬白花藕"，这是镇上一句著名的流行俗语。海淀种

海淀藕田

植的荷藕，分红花藕和白花藕两种。红花藕果实细长，俗称"跑条子"，口感较涩，不受欢迎，只能卖莲蓬，吃莲子，称作"上蓬儿"。白花藕称作"下蓬儿"，藕节粗短，色白气香，生嚼甜脆，熟吃味美，最受市场青睐。莲藕浑身是宝，还可以做成莲子粥、荷叶羹、藕粉糕等特色小吃。而"一根筷子吃藕——单挑眼儿""荷叶包钉子——个个想出头""抓住荷叶摸到藕——寻根究底""当当买藕吃——口口是窟窿"等俗语，也都是以荷藕为起因，形成的对不同人物的性格、行为和日常生活事件所做出的评价和判断。

商业俗语

海淀是京城西北郊最大最重要的商业中心。这是由于它优越的地理位置所形成,并且随着御园的修建而逐渐发展起来的。镇上商号林立,店铺相接,市场繁荣,购销两旺。

在商业发展过程中,形成和流传着大量以不同行业为内容的丰富多彩的歇后语,如"豆腐店卖磨——没法推了""药店里的甘草——少不了你这一位(味)""棉花店挂弓——不谈(弹)了""盐店里的老板——专管闲(咸)事""鞋店里试脚——说长道短""茶馆里招手——胡(壶)来""剃头挑子——一头热""剃头店关门——不理",等等。这些歇后语,抓住各个商贸行业的特点,引申出一个需要表达的思想内容,形象生动,蕴涵巧妙,使语言表达的方式多彩多姿,耐人寻味,给人们的生活增添了乐趣。

从大量的民间俗语中,不仅反映了海淀镇商业发展的大体轮廓,还能体会到传统的商业经营理念。做买卖最重要的是讲究诚信,民谚说"民以食为天,商以信为本""买卖不成仁义在";做生意要讲求技术,突出特色,货真价实,以质取胜,所谓"一招儿鲜,吃遍天""不怕不识货,就怕货比货",都说明必须有好的商品和服务,才能取信于民,得到事业的发展;要懂得市场规律,抓住时机,巧妙经营,才能达到财源兴旺。俗语说"快马赶不上青菜行",揭示了蔬菜市场价格变化的迅速。"谁不图利不起早",正说明辛苦劳作和掌握商贸时机的重要性;如果不能艰苦从业,惨淡经营,却去投机取巧,蒙骗顾客,"货卖一张皮",那就只有"赔本赚吃喝"了。

地名俗语

"西直门到海淀——拉了!"清末民初,从城内到西郊办事的人很多。有的到颐和园和海淀一带上班工作,有的串亲访友、庙市购物、游玩赏景。为解决交通问题,便兴起来了"趟车""驴脚"和人力车。其起点多在西直门和德胜门,其终点则在大钟寺、海淀镇和颐和园,而以海淀镇为最多。"拉了"指拉车和运输,是城市交通用语。骑驴和坐车的人与车主、驴主,双方在谈"脚钱"时很痛快,不必要反复地讨价还价。所以这则歇后语的意思是指做事时双方配合得很默契。

"黑灯影的鬼——跟上了!"黑灯影,是海淀镇西南的一条小胡同的名称,地处今八一中学西南隅。这里原来有一座不小的坟地,据说是元代一位叫"赫登瀛"的大臣的家坟。在清代末年,坟墓已破败不堪,进入民国后就更加荒凉。坟前石驳岸极度损坏,木栅被拆掉,坟树也被砍伐一空。这里变成了一片乱坟岗子。坟旁住着几户穷人,这里便被称为"黑灯影"。胡同可能是坟主姓名的谐音。因为此地环境恶劣,惊恐瘆人,夜间偶然从此处走过,似乎有厉鬼随身,便形成了这个歇后语。说"跟上了",比喻运气不好,倒霉的事情不断降临。

"药王庙进香——自讨苦吃。"黄庄南部有一座药王庙,原址在今海淀医院内。此庙始建于明代,乾隆十八年(1753)重修,道光二十八年（1848）增建灶君殿，同治年间又加修葺。山门殿供一座泥塑彩绘药王像。清末民初，仍沿袭每年四月初一到十五日举办庙市，成为各种药材和中成药的大市场。人们是因为患病求药寻医，盼望医治痊愈，才来此庙上香的；而中药皆苦，这就有了"药王庙进香——自讨苦吃"的歇后语。

家喻户晓多传说

海淀镇流传着很多家喻户晓的传说。故事的内容比较集中，大多是反映乡情地情的。有讲帝王后妃和大臣官吏的，有讲建筑世家和工匠艺人的，有讲英雄豪杰侠客好汉的，也有讲镇甸地名和土特产的。这些世代相传的民间故事，表达了当地百姓对若干历史人物的评价和褒贬，寄托了他们的思想倾向和真实情感，曲折地反映了他们的世界观和人生观。其中关于香山、颐和园、圆明园的传说，已经被列入北京市非物质文化遗产名录。

下面介绍的是几个有关皇家的传说。

杨香武智盗九龙杯

康熙年间，西山下西小营村出了一位武林高手，名叫杨香武。他个头不太高，壮实灵敏，从小在鹫峰向一位老道学艺练武。

二五更的功夫练了十年,师傅说他"功德圆满",就打发他出山闯荡。

杨香武身怀绝技,下山直奔海淀镇。镇上有个"黄记茶馆",离畅春园不远,买卖分外兴隆。前来喝茶的人真可说是五行八作,有还没脱去朝服的大小官吏,有穿长袍马褂的文人墨客和小贩行商,有运货过路的车夫和装卸工人,也有在宫里当差的太监和夫役。出出进进,人声嘈杂。

杨香武拣了个角落坐下,要了一壶茶,一盘五香豆,有滋有味地品尝起来。临桌有两位太监模样的人,边喝边聊,显得有几分神秘。杨香武一听,不禁吓了一跳。那位年老的瘦太监说:"老弟,听说今儿晚上康熙皇上要在澹宁居让大伙儿观赏九龙玉杯。"年轻的胖太监说:"可不是嘛,今儿正该我当班。听说这九龙玉杯是传世国宝。皇上就在千叟宴时用过一回,我还没见过这件宝贝呢。"瘦太监说:"你说得对,我就是在万寿节时看见一回,那真是神物!一只青白色的和田玉酒杯,斟满了酒,杯里就有九条金龙翻腾。酒喝光了,龙也不见了。"二位太监喝完茶,就慢悠悠走出了茶馆。

言者无心,听者有意。杨香武听罢,觉得施展武艺的机会来了,决心夜盗九龙杯。

杨香武请来同村的武林高手神弹子李玉,要他配合偷杯。二人按计划在天黑后越墙跳进畅春园。杨香武趴伏在房顶上,只见皇上来到澹宁居,端坐在殿堂上首的龙椅上,中央紫檀八仙桌上放着那盏九龙玉杯。几位皇子在一旁垂手站立。皇上发令:"斟

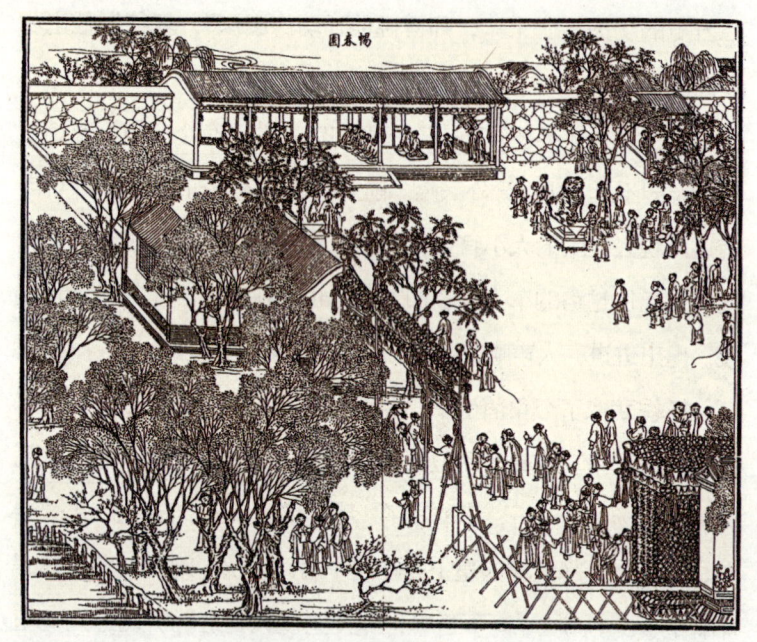

畅春园大宫门

酒！"一位太监斟满酒杯。皇子们同声高喊："九龙显形了！"话音没落，只见一团棉被从空而降，摔落在皇上脚下。众人慌作一团，打开棉被一看，竟然是赤身裸体的胖太监。

原来，李玉进园后，按计划把在院内当班的胖太监捯到一间空房内，自己换上太监服装混进了澹宁居。杨香武把胖太监堵住嘴捆绑在棉被里。当九龙杯内金龙显形时，将胖太监抛进殿内。此时，假扮太监的李玉，顺手抄起九龙杯往房顶抛过去。杨香武手接九龙杯，一纵身跃出畅春园外。神弹子李玉也趁机溜回了西小营。

皇上很快清醒过来，忙喊："有贼！"八仙桌上的九龙玉杯已没踪影了。皇上连夜传旨："京城戒严，全国动员，捉拿盗杯凶手！"

杨香武盗来玉杯，就满心欢喜地来到海淀镇南大街口一家客栈住下。他在住房吃着夜宵，端起九龙玉杯饮酒，仔细端详那杯中的九条金龙。喝了一杯又一杯，不觉拍桌大喊："九龙杯，妙！传世国宝！"不多一会儿，他就迷迷糊糊睡着了。

杨香武的呐喊惊动了隔壁的房客，他就是知名的神偷王伯燕。这位神偷早就听说过皇上九龙玉杯的神奇之处。今天有人送到手边，不费吹灰之力就顺手牵羊得到了这件宝贝。

杨香武早晨起来不见了宝贝，知道遭人暗算，便气鼓鼓地回西小营老家去了。

康熙一边命九门提督迅速破案，一边将镖打猛虎的绿林好汉黄三太召来，赐给黄马褂，限他三天破案。黄三太威震八方，善于结交天下武林高手，他立刻将绿林群雄召集到海淀镇。杨香武、李玉、王伯燕、朱光祖等人全到齐了。黄三太说："皇上命我追寻九龙杯，三天破不了案就要我的命。请诸位好汉帮帮忙，给我点面子，把宝贝交出来，我带领到皇上

康熙皇帝朝服像

那里请赏,以后必定重重报答。"

听了黄三太讲的话,在场的人互相观看,闭口不出一言。只见杨香武缓慢地站起来,冲着黄三太低声说:"杯子是我拿了,可是当天晚上在客栈里被别人取走了。"话还没说完,王伯燕从怀里掏出九龙杯,说:"请黄大哥收好,交还皇上。"黄三太拱手感谢大家帮忙,便到畅春园复命去了。

康熙得知九龙杯是杨香武所盗,就传杨香武进殿。康熙见杨香武身材魁梧,气宇轩昂,先有了几分爱意,对他说:"杨香武,你擅闯御园,偷盗国宝,罪大当诛。但念你主动交出赃物,赦你不死。朕要考考你的偷盗本领:三天之内再次盗走玉杯,重重有赏;如不能盗走,必严惩不贷!"杨香武答应下来,说,如果在第三天夜里鸡叫头遍之前,盗杯不成,愿当死罪。

这之后,在澹宁居殿堂中央,紫檀八仙桌上摆放着那盏九龙玉杯。周围太监们十几双眼睛,死死地盯着它。紧闭的殿门内外,十几位护军笔直地站立着,瞪眼搜寻着可能出现的任何疑点。康熙每天夜间守候在澹宁居的后殿,随时听取太监们的禀报。

直到第三天深夜,一直没发现杨香武的踪影。太监和士兵个个熬得浑身乏力,眼皮打架。看看时钟,还不到子时。一位太监说:"杨香武尽吹大话,恐怕他担心处死,早就逃之夭夭了。"也有的说:"咱们几十只眼睛紧盯着玉杯,他再大能耐也不好下手啊!""哎!可不能大意。丢了杯子,咱得掉脑袋!"

就在这时,"咯儿咯儿咯儿——!"鸡叫头遍了!海淀附近各村公鸡也跟着啼叫起来。太监们个人兴高采烈,将九龙玉杯放在墙边樟木柜里，如释重负地离开澹宁居，睡大觉去了。

原来，刚才的"鸡叫"是好汉李玉学叫的，李玉自幼会模仿百鸟啼叫。他按照杨香武的安排，学了几声鸡叫，将太监们骗出了澹宁居。杨香武从樟木柜中取出九龙玉杯，就奔向后边皇上守候的殿堂去了。

康熙指着杨香武手里的九龙玉杯，说："你虽然偷得了玉杯，但是时限已过，鸡叫头遍了。你认输吧！"杨香武指着桌子上的时钟说："现在刚过子时，哪里有头遍鸡叫！是皇上听错了，那是李玉学的鸡叫。"皇上这才恍然大悟，便提高嗓门说道："杨香武听旨，你武艺高强，忠诚守信，朕赐你黄马褂一件，以示褒奖。"

杨香武跪地谢恩后，离开了畅春园。从此，他在武林中的名声更大了。

康熙私访金龙馆

在海淀镇西北角，清梵寺的南边，有一条胡同叫"金龙馆"。胡同的名称是因为有一座"金龙茶馆"而取的。康熙皇帝曾经到这个茶馆喝过茶，以后这个茶馆就成为海淀镇上的一家名店。

原先，这条胡同只有几户人家，有一座两间门脸的"黄记茶馆"。因为地处御道旁边，从北边来的车马行人进入海淀镇，都要从茶馆门前经过。黄掌柜善于经营，服务到家，很受顾客欢迎。他从安徽老家运来香片，同时运来浙江的龙井，品种纯，气味香。烹茶用的水是从南邻挑来的双井水，洁净清冽，质轻味甘。烹出

金龙馆胡同东口

的茶液透明泛黄,芳润可口。前来喝茶的人,还可以品尝各类糕点,听评书艺人讲《彭公案》《济公传》和三国故事。所以黄记茶馆被称为"书茶馆"。

一天中午,茶馆里顾客不多,进来一位身穿深蓝色长衫的顾客,身材魁梧,脸上有几点浅麻子。他要了一壶茶,坐在正中的桌旁与黄掌柜闲聊起来。黄掌柜把从顾客那里听到的各种新鲜传闻,一件件讲出来。长衫人最感兴趣的是关于皇宫的传闻和旗人欺压百姓的故事。长衫人临走前和蔼地说:你"黄"掌柜卖的是"龙"井茶,就叫"金龙茶馆"吧!他还讨来笔墨,题写了茶馆的新名号。又因为黄掌柜讲了好多故事,加付茶资五两白银。黄掌柜拒收银两,长衫人执意留下了。

第二天,黄掌柜把"金龙茶馆"的木匾,悬挂在店堂中央,使人一进门迎面即可望见。挂匾的当天,有位朝臣模样的顾客,冲着匾额细细地端详,然后问道:这匾额是怎么得来的?黄掌柜回答:是一位长衫顾客主动给题写的。再询问了长衫人的长相,朝臣走上前握着黄掌柜的手,高声说道:"恭喜你呀,黄掌柜!这木匾不用题名,我一看就能看出,这是康熙皇帝的御笔!"

黄掌柜听从朝臣的建议,将御笔"金龙茶馆"又缝制成一面招幌,悬挂在门前的高杆上。再将皇上喝茶用过的桌椅,单独摆放在店堂中央,桌上赫然标明"御座"字样,供人们瞻仰。

康熙私访金龙茶馆并赐名题匾的事情,迅速传遍了海淀镇和京西各村,前来贺喜、品茶和看热闹的人络绎不绝。黄掌柜又在门前搭起凉棚,摆好茶座,喝茶听书的人从早到晚时时满座。兴旺发达的金龙茶馆成为海淀镇上的一大景观。

吕四娘杀雍正

清西陵有一座陵墓,里边埋葬着雍正皇帝。棺材里装殓的尸首,是肉身子、金脑袋。那皇上的头呢?原来被人砍掉了,入殓时就铸了个金头,放在枕头上,就算是一具完尸。

雍正的头让谁砍去了呢?这得从头说起。

雍正是清朝入关后的第三个皇帝。他用阴谋手段取得了皇位。为了打败他的对手,保住皇帝宝座,他收买和结交了很多绿林好汉,还有一些谋士、政客。后来他又觉得政客和谋士们成了他的后患,就怕这些人揭他的老底,威胁到他的统治,思来想去,定下来一个狠毒的主意：把那些对他有功的各路豪杰，全都请到圆明园来，亲自设宴赐酒，加封犒赏。但是，皇上在酒里放了烈性毒药，把他的功臣们都毒死了。

在雍正手下的冤死鬼里，有一个叫吕留良的人。他有个独生女儿，名叫吕四娘。四娘听说父亲被害，就下决心报仇雪恨。但她只是个十几岁的小姑娘，怎么惹

雍正皇帝画像

得起皇上呢？她领着母亲，从南方来到中原，跟一个少林寺高僧学艺习武。她每天鸡打鸣就起床，不管天冷天热，都要站桩练气，打拳踢腿，舞刀弄棒。只几年的工夫，吕四娘就练得高艺在身、武术超群了。

吕四娘辞别了师父，和母亲步行到北京，在海淀镇西南部一座破庙里住下了。每天吕四娘都是顶着星星出去，戴着月亮回来，到处打听皇上行走的路线，寻找接近皇上的机会。

她母亲在破庙里整天为吃饭操劳，手脚忙个不停。离破庙不远，住着一个老太太，领着名叫李才的独生儿子过日子。这孤儿寡母靠做小买卖为生，比四娘家要强多了。李老太太常送给四娘家吃的用的，今天一把菜，明天二升米，有什么给什么。李才也

常帮四娘家干活,上午挑担水,下午打捆柴。日子一长,两家就亲热起来了。李老太太见四娘模样长得挺好看,就找四娘的娘提亲,愿意结成亲家。四娘的娘对她说:"你家李才忠厚老实,手脚又勤快利索,还怕我家四娘配不上呢!要结亲也行,就是得等到我们家的仇报了再说。"两家就这样说定了。

穷小子李才眼看要娶上一个好媳妇了,整天盼望着吕四娘报仇的日子。一天晚上,他正在四娘家跟老太太说话,眼前有个人影儿一闪,就见吕四娘站在屋里了。她手提一个黑布包袱,对她母亲说:"我的杀父之仇,今天算报了!我把仇人的头砍下,扔在地沟里,这包袱里是他的狗头帽。"李才打开一看,原来是一顶带血的皇冠,不禁大吃一惊。老太太就把吕留良被害的经过说了一遍,接着取出供奉的牌位,端正地放在桌子上,母女俩跪在地上,告慰吕留良在天之灵。李才也随着跪下了。

吕四娘砍掉了雍正皇帝的头,皇家就给尸首安上一个金头下葬了。

人物风云

海淀镇的经济发展与文化繁荣，归根到底离不开人的活动。海淀镇在清末成为紫禁城外的另一个政治中心，具有极其重要的历史地位，这就注定了这片土地必将迎来各方的风云人物。这里既彰显了清代建筑世家的辉煌，也见证了清末外国公使的来访和西方列强的侵略，还留下了爱国人士与地下党员的足迹。

清代建筑世家样式雷

样式雷是我国清代著名的建筑世家。从第一代样式雷——雷发达在康熙年间由江宁来到北京,到第七代样式雷——雷廷昌在光绪末年逝世,雷氏家族有长达200多年的时间为皇家进行宫殿、园囿、陵寝以及衙署、庙宇等的设计和修建工程。因为雷家几代都是清廷样式房的掌案头目人,即被世人称为"样式雷"。

第一代样式雷——雷发达

雷发达,字明所,生于明万历四十七年二月二十一日(1619年4月5日),卒于清康熙三十二年八月十一日(1693年9月29日)。祖籍江西南康府建昌县(今永修县)。他的曾祖在明代末年迁居金陵(今南京)。清康熙二十二年(1683),发达和堂弟发宣以工艺应募来到北京,参加皇宫的修建工程。当时康熙皇帝正在重修太和殿,雷发达以其卓越的技术,为皇家宫殿工程做出了贡献,得到玄烨的赏赐,获得了官职。

朱启钤先生在《样式雷考》这篇文献中,曾写下了一段生动的传闻:"明太和殿缺大木,仓促拆取明陵楠木梁柱充用。上梁之日,圣祖亲临行礼。金梁举起,卯榫悬而不下。工部从官相视

作者等人在江西雷氏老宅前留影

愕然，惶恐失措。所司私畀发达冠服袖斧猱升，斧落榫合。礼成，上大悦，而敕授工部营造所长班。时人谓之语曰：上有鲁班，下有长班。紫薇照命，金殿封官。"

尽管样式雷研究者对这段传闻还有不同看法，但雷发达参与了皇家宫殿修建并得以在皇家建筑工程中立足则是不争的事实。因而雷发达便成为"样式雷家发祥的始祖"。

雷发达70岁解役，殁后葬于金陵（今南京）。

第二代样式雷——雷金玉

雷金玉，字良生，生于清顺治十六年（1659），卒于雍正七年（1729），为样式雷的第二代传人。

江西永修雷家庄

雷金玉继承父业在营造所供职,并投充内务府包衣旗。康熙皇帝选中海淀这块"沃野平畴,澄波远岫"的"神皋之胜区",决定在明代李伟清华园旧址修建新的皇家园囿——畅春园,作为"宁神怡性之所",以便"祗奉颐养,游息于兹"(康熙《御制畅春园记》)。内务府营造司从包衣上三旗抽掉众多工匠营建此处皇苑,雷金玉被召进建园工匠队伍,承领楠木作工程。在为畅春园正殿九经三事殿上梁的建筑施工中,因技术超群而立了大功,被皇帝亲自召见奏对,赏七品官衔,食七品俸禄。自此雷金玉誉满京城。在宫廷和皇家园林建设中日益受到重用。

胤禛即皇帝位后,大兴土木,大规模扩建圆明园。此时年逾六旬的雷金玉,应诏充任圆明园样式房掌案,负责带领样式房的工匠设计和制作殿台楼阁和园庭的画样、烫样,指导施工,对圆明园的设计和建设工程做出了重要的贡献。施工过程中,欣逢雷金玉七旬正寿,雍正皇帝给予特殊的褒奖：命皇子弘历亲笔书写"古稀"二字匾额,赐予样式雷。雷金玉将此匾额运回故乡,供奉悬挂于原籍祖居大堂,整个家族和故里乡亲都视为无上荣耀。

雷金玉于雍正七年(1729)逝世。皇帝赏赐盘费金一百余两,奉旨通过驿道和驿站将遗体运还江宁府江宁县,安葬于县城安德门外西善桥,并立有碑志。

同治四年(1865)二月,雷金玉之曾孙、第五代样式雷——雷景修,在重修皇帝钦赐的雷氏祖茔时,为其曾祖雷金玉修建了一座衣冠冢,树起墓碑,修筑了如意石围屏。石碑阳面为"雷金玉墓碑",额题"圣旨",碑文概略记述了雷金玉的生平事迹。石碑阴面为"雷金玉及妻张氏德政碑",额题"承先启后"。碑文中记述了其妻张氏"苦守清洁",将其幼子雷声澂抚养成人,继承祖业,是为第三代样式雷,以致"奕叶相传,功昭前烈"的德政。金玉有一位继配夫人吴氏,葬于海淀镇迤南小南庄苏州街大道旁。另有4位继室夫人,与金玉合葬于江宁府江宁县。

雷金玉是雷氏家族中第一个执掌清廷内务府样式房工作的人,此后200余年为其几代子孙所继承,延续至清朝灭亡,这就形成了样式雷世家。雷金玉是样式雷的真正创始者。近人朱启钤先生在《样式雷考》一文中说："雷氏家谱以金玉为迁北京之支祖。样式房一业终清之世,最有声于匠家,亦自金玉始也。"此乃恰当之论,是符合历史事实的。

第三代样式雷——雷声澂

雷声澂，字藻亭，生于雍正七年（1729），卒于乾隆五十七年（1792）。他是雷金玉的幼子，为金玉第6位夫人张氏所生。声澂出生刚刚3个月，其父金玉即去世了。金玉的夫人刘氏、柏氏、潘氏、钮氏、吴氏，带着声澂的几位兄长声沛、声清、声洋、声浃等，全家随金玉灵柩驰驿归葬江宁府江宁县。只有张氏带着声澂留居在北京西郊海淀镇槐树街雷氏祖宅。

雷声澂幼时丧父，很难像其他几代样式雷那样顺利地继承祖业，活跃在皇家建筑岗位上。朱启钤《样式雷考》曾记载："其母张氏出而泣诉于工部，迨声澂成年，乃得嗣业。"雷声澂成为第三代样式雷传人，与其母张氏的培养教育和奋斗是分不开的。声澂之孙——第五代样式雷雷景修，为其曾祖母张氏在巨山村雷氏祖坟上树立起一块德政碑，简要地记述了此事的经过："因我祖考（按即声澂）字藻亭，在及丁时，我曾祖妣苦守清洁，立志抚养我祖

槐树街

成人,清苦之极。得蒙曾祖妣早晚训诲,依附我曾祖考旧业。至今,子孙满堂,接我曾祖考一脉相承,奕叶相传,功昭前烈,庆衍绵绵,实承我曾祖妣张太宜人之德政也。"

雷声澂成年后,生活于乾隆盛世,正是京城西郊的皇家园林"三山五园"大兴土木之时,他当有所贡献。但雷氏家谱却未见记载。

第四代样式雷——雷家玺

雷家玺,字国贤,生于乾隆二十九年(1764),卒于道光五年(1825),是雷金玉第五子雷声澂之次子。他与长兄雷家玮(1758—1845)、三弟雷家瑞(1770—1830)同在样式房任职,形成第四代样式雷的强大阵容。

雷家玺兄弟生活的年代,正处于康乾盛世的中晚期和嘉庆年间,是"工役繁兴之世"。乾隆皇帝大兴土木,修建皇宫别苑,以及京西海淀的皇家园林"三山五园"和承德避暑山庄,样式雷又深得皇家信赖,这为雷家玺兄弟施展其绝世才华提供了广阔的空间。

宁寿宫花园的修建,是皇宫诸多修建工程中重要的一项。作为样式房掌案头目人,雷家玺根据皇帝的旨意,对花园进行整体规划设计。在一块四周宫殿林立的狭窄地带,巧妙构思,精心安排,一批精巧华丽的建筑,如古华轩、旭辉亭、养性殿佛堂、萃赏楼、符望阁、竹香馆错落有致,曲折的游廊与逶迤的山石融于园庭,意境清幽谐适。此园深得皇帝喜爱，被后世称为乾隆花园。乾隆五十年（1785），雷家玺承担了部分修建万寿山清漪园、玉泉山静明园和香山静宜园的工程。此外，又承办宫中年例灯彩、西厂烟火及乾隆八十万寿典景楼台工程。嘉庆中又承值圆明园东路工程及同乐园演剧之切末、鳌山、珠灯、屉画等（《样式雷家世考》）。

设计承办皇帝陵寝工程，是样式雷建筑业务的一项新发展。嘉庆皇帝的陵墓，按其父乾隆的旨意，将"万年吉地"选在清西陵太平峪，后取名昌陵，与其祖父雍正皇帝的泰陵相邻。根据现存的雷家玺设计的图纸看，昌陵地宫的结构甚是宏大，为四门九券，雕刻也极为精细。券顶外的宝顶封土内有石雕，其结构造型与陵寝宫殿的脊瓦、勾滴等相同。

此后，雷家玺主持的乾隆八旬万寿庆典自圆明园至皇宫沿路点景的设计工作，也是举世罕见的特殊工程。沿途的各种点景，包括亭台殿阁、西洋楼房、假山石洞、小桥流水、演剧戏台、万寿经棚、药栏花架、宝塔牌楼，各种新奇精美的景观多达数百处。只这些御道点景的制作和布置，即耗银达114.4万两。

乾隆皇帝曾六次南巡。雷家玮奉旨随皇帝南行。沿途各地官员和名绅富商，为讨好皇帝纷纷出巨资修建皇帝行宫。样式雷被各地聘请负责行宫的设计工作。甚至一些河堤石坝工程也请雷家玮设计指导。

雷家玺兄弟3人合力做好样式房的工作。在家玺去易县办理昌陵工程期间，家瑞一直在样式房任掌案头目人，一切日常工作由他主持。在嘉庆年间大修南苑行宫时，家瑞承做楠木作内檐硬木装修，他为此到南京采办紫檀等木料，就地凿雕成材，运回北京使用。

雷家玺逝世后，同治元年（1862）皇帝赠奉直大夫，其妻张氏封奉直宜人。其子雷景修于同治四年（1865）二月敬立雷家玺及妻张氏墓碑，额题"遗训常昭"。碑阴为景修之子思起、思振、思泰、思森敬撰的雷家玺及妻张氏德政碑，额题"祖德宗功"，碑文称赞其祖父雷家玺"公平生雅量，品正清纯，忠厚处事，惠存爱心。一生仗义疏财，利物济人，光前裕后，和睦宗亲乡里。志行高洁，韵宇宏深，敦行孝悌，同气连枝，子孙茂盛。诚知积德之深，实行堪赞，永远可欣"。在碑文中对其祖母张氏的赞语为："贤哉德配，淑性慈贞，宽明素位，惠信与人。孝悌为先，勤操自任。阃范最长，恭和敏慎。"

第五代样式雷——雷景修

雷景修，字先文，号白璧，生于嘉庆八年（1803），卒于同治五年（1866），是第三代样式雷——雷声澂之孙、第四代样式雷——雷家玺第三子。

雷景修从16岁开始，即随身为样式房掌案的父亲在圆明园样式房学习世传差务。为继承祖业，他虚心好学，处处留心，奋力勤勉，不辞劳瘁。正当迅速成长的时刻，刚满花甲的老父于道光五年（1825）去世。父亲担心景修缺乏经验，难以胜任掌案工作，便留下遗言，将掌案名目移交同事郭九承办。景修不以为意，诚心接受郭九的指派,继续学习样式房工作,竭尽心力,不分朝夕,兢兢业业奋斗20余年,尝尽千辛万苦,终于全面继承了样式雷的建筑技艺,具备了丰富经验。直到道光二十九年(1849)他46岁时,才又争回了祖传的样式房掌案名目。

据《雷景修墓碑》记载:景修于"咸丰八年(1858)遵旨筹饷例,报捐恩赏九品职衔。

雷景修像

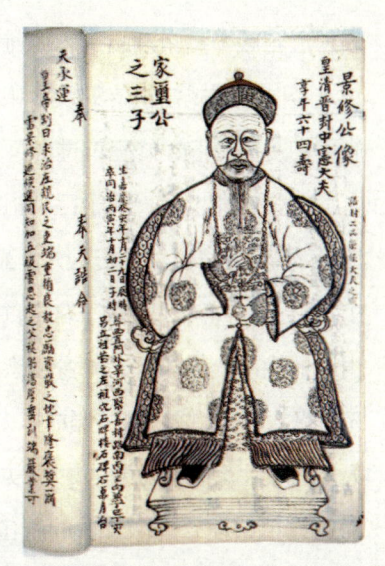

又因同治二年(1863)七月初八日,诰授奉政大夫之职",后又晋封朝议大夫。作为样式房掌案,雷景修不仅积攒了大量图稿和画样,而且善于"经营生理",是一位理财高手,家产相当富厚,达数十万两之巨。朱启钤《样式雷考》中说:"景修一生中,工作最勤。家中裒集图稿、熨样模型甚伙,筑室三楹为储存之所。经营生理,积赀数十万。并修谱录、茔舍,规划井然,世守之工,家法不堕者,赖有此耳。"雷景修还修宗谱,建祖坟,对雷氏家族做出很大贡献。

雷景修虽然技艺高超,但道光、咸丰年间国势衰微,已没有能力从事大规模的宫殿和园林建筑,因而样式雷也缺少用武之地。圆明园只有一些小的修缮,圆明园殿、九州清宴、上下天光、四宜书屋、同乐园等处有些建筑工程和搭建,并未规划建设新的园囿。直到咸丰皇帝病故于承德避暑山庄,在遵化平安峪为皇帝修建定陵时,样式雷祖传的设计和承建皇帝陵寝的全套技艺才得以施展和发挥。但景修已年过半百了。

雷景修逝世后,葬于巨山祖茔。其子孙在墓碑中给予他极高评价:"公之一生,品行端方,勤和处世,和睦宗族,乡里所仰。出言端正,存心敦厚,教子有方,德厚于人,无不诚敬。"在出殡时,由于他生前人缘极好,同乡和亲友纷纷来到村道旁进行路祭,以示崇敬。"在阜成门外关厢成搭大棚,摆列执事、鼓手、虎皮交椅,人民云集。聚善村众铺友,门头村众铺户,清河、海甸、京南黄村、京东东坝、高丽营,成府各店口,又在坟地搭棚路祭"。此后的同光年间,第六、第七代样式雷深受清室器重,两位皇帝分别于同治二年(1863)和光绪元年(1875)钦颁敕书,赐赠雷景修为奉直大夫、通奉大夫,为二品封典,诰封雷妻尹氏为二品夫人。光绪皇帝敕书称赞景修"业可开先,式谷乃宣猷之本;泽堪启后,贻谋裕作牧之方"。子孙辈雷思起、雷廷昌等镌刻雷景修及妻尹氏诰封碑,立于雷氏祖茔。

第六代样式雷——雷思起

雷思起,字永荣,号禹门,道光六年(1826)生于北京,卒于光绪二年(1876),是雷景修的第三子。这位第六代样式雷顺利承继祖业,执掌清内务府样式房掌案名目。其时,样式房烫画样人共有 16 名,其中雷家就占了 5 名,除思起、廷昌父子二人及侄廷芳外，还有族兄雷思跃及其子廷栋。样式雷世家达到了兴旺发达的高峰。

在其祖父雷家玺设计嘉庆皇帝的昌陵后，雷思起接续建造帝陵技艺，承担起设计咸丰帝在清东陵的陵寝——定陵的重要任务。咸丰帝即位后，即委派重臣组织钦天监堪舆人员与样式房雷思起等人，到遵化的东陵地区卜选陵寝吉地。在确定乾隆裕陵迤西二里的平安峪为万年吉地后，样式雷设计了大量的多种建陵图样。由于地形陡峭，所以从神路楼到石像生、神道碑亭、三孔桥直达隆恩门，里程短，布局紧，层层叠落在一条直线上，俯瞰全貌，很有节奏感。定陵于咸丰九年（1859）始建。文宗奕詝于咸丰十一年（1861）崩逝于热河行宫，同治四年（1865）葬于定陵。雷思起因建陵有功，以监生钦赏盐场大使，为五品职衔。其后，在同治十二年（1873）四月，为慈安、慈禧两太后在普祥峪、菩陀峪勘察万年吉地时，雷思起也应召随同前往。此事在清代档案《内务府来文、陵寝事务》中的同治十二年（1873）四月初九日有明确的记载："现定于本月初九日恭谒东陵复勘地势规模，须绘图烫样……希即转达样式房匠人雷思起届期随同……前往普祥峪、菩陀峪预备绘图。"

雷思起画像

清东陵定东陵样式雷烫样

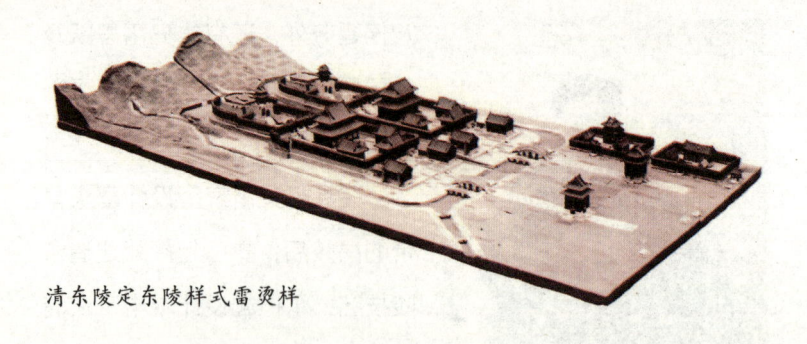

同治十二年（1873），载淳亲政，结束了两太后垂帘听政的局面。皇帝为迎接慈禧太后四十寿辰决定重修圆明园。雷思起献上全盛时期的《圆明园、绮春园、长春园全图》。慈禧太后要求雷思起在一个月内做出所修宫殿的画样和烫样。对她的寝宫"天地一家春"的烫样，她仔细审查，还亲手画出内檐装修图样，要雷思起照此进行修改，抓紧建造。雷思起带领雷廷昌和样式房匠人，夜以继日制作出万春园大宫门、天地一家春、清夏堂、圆明园殿、奉三无私殿等全部施工所需的画样和烫样。皇帝、皇太后亲自审查重修方案，估算和捐办所需银两，看风水，择吉日，然后颁布谕旨：重修圆明园。

雷思起手书

在重修圆明园的过程中，皇帝、皇太后五次召见雷思起，审查修改画样，督促施工，降旨鼓励，论功行赏。先是每月为雷思起增加津贴和饭银十两，继之钦赏雷思起二品顶戴。

但是同治重修圆明园遇到财力方面的很大困难，同治帝被迫在当年七月二十九日发出圆明园即行停工的上谕。修园虽半途而废，但样式雷所制的数千张画样和烫样却保留下来了，成为后人研究圆明园和清代建筑工艺和造园艺术的宝贵资料。

1876年雷思起在设计修建定东陵的过程中，因劳瘁而去世。定东陵的工程由其子继续完成。

第七代样式雷——雷廷昌

雷廷昌，字辅臣，又字恩绶，生于道光二十五年（1845），卒于光绪三十三年（1907），是雷思起的长子。

雷廷昌自幼随其父在样式房学艺，熟练地掌握了画样、烫样及建筑工艺，后与其父同为样式房掌案头目人。他先后随父参加了皇陵和圆明园等多处修建工程。其后他独立承担过同治帝的惠陵、慈安和慈禧太后的定东陵、光绪帝的崇陵等晚清皇帝后妃陵寝的设计和修建工程，以及修建皇宫三海和慈禧万寿庆典等诸多工程。

同治六年（1867），雷廷昌被朝廷赏布政司理问衔。同治十二年（1873）决定重修圆明园时，身为掌案头目人的雷廷昌即崭露头角。十月十二日《堂谕司谕档》记载："著传知雷思起，于明日进内见堂夸兰达,有面交事件……如伊病未痊,即着伊子进内。千万莫误。"此时,雷廷昌同其父一样,也被增发津贴和饭费月银十两。十一月二十六日,皇帝召见内务府大臣时传旨:"雷廷昌赏三品顶戴。"重修圆明园被迫停工以后,慈禧重温旧梦之心不死,在光绪二十二年(1896)又开始修建圆明园的课农轩等工程。二十四年(1898)五月,又"著传知样式房雷廷昌,务于三十日辰刻携带天地一家春全分图样至档房预备。莫误"。圆明园的局部整修活动,直到慈禧太后去世为止。

雷廷昌样式房的工程,主要是设计和修建皇帝后妃的陵寝。同治帝载淳是慈禧的亲儿子,19岁即病死。慈禧根据勘察情况,选定遵化双山峪为万年吉地。根据样式雷的建陵图样,在择吉兴工时,两太后发下一道懿旨:"除神路及石像生毋庸修建外,其余均照定陵规制。"光绪三年(1877),廷昌因惠陵金券合拢和隆恩殿上梁有功,以候选大理寺丞列保赏加员外郎衔。光绪五年(1879)三月,载淳遗体葬入惠陵。雷廷昌又与堪舆等人踏勘,选定和设计了建在普祥峪的慈安太后陵和在菩陀峪的慈禧太后陵。二墓并排建立,规制大小相同,中间只隔一条马槽

样式雷做慈安太后陵寝烫样

样式雷绘制的治镜阁画样（治镜阁遗址在颐和园西南角）

沟。因二墓坐落在咸丰帝定陵之东，故称定东陵。只是慈禧不愿与慈安"平起平坐"，又降懿旨将已建好的隆恩殿及东西配殿全部拆除重建，修建成明清两代后陵中最为尊贵豪华的陵墓。

　　清代最后一座皇帝陵寝——光绪帝的崇陵，也是雷廷昌参与选址并设计修建的。光绪十三年（1887），光绪皇帝与慈禧太后共赴西陵九龙峪，确定了万年吉地。十九年（1893）雷廷昌绘制了《金龙峪金星宝盖图》，图中有注："西陵魏家沟改，同治改，九龙峪改，光绪改金龙峪。"意即：九龙峪原名魏家沟，同治年间改名九龙峪，光绪年间又改称金龙峪。雷廷昌于光绪三十三年（1907）逝世。第二年光绪帝驾崩。宣统元年（1909）开始修建光绪的崇陵，清亡后的民国四年（1915）竣工。当光绪帝梓宫奉安于崇陵时（1913），雷廷昌已故去六年了。

雷廷昌是最后一代样式雷。清代灭亡后不久，清廷的工部和内务府随之消亡，样式房也从历史上消逝了。样式雷的后代不再继承祖业。但几代样式雷所创造的建筑技艺，是我国传统文化的一个重要组成部分。现在妥善地保存在国家图书馆等处的"样式雷建筑图文档案"，在2003年入选《中国档案文献遗产名录》，2006年联合国教科文组织讨论通过进入《世界记忆名录》。我们应当对其开展进一步发掘、整理和继承工作，以有助于我国现代建筑科学的发展，使祖国的优秀传统文化进一步发扬光大。

国家图书馆举办的"样式雷建筑图档展"海报

英使三驻北海淀

明代万历年间，自号"海淀渔长"的米万钟，在北海淀修建成一座著名的私家园林，取"海淀一勺"之意，命名为勺园。康熙皇帝在勺园旧址上修建宏雅园，嘉庆年间也称作蝎子湖公馆，咸丰年间改称集贤院。乾隆皇帝在宏雅园接待了马嘎尔尼率领的第一个英国访华使团；嘉庆皇帝将阿美士德率领的第二个英国使团安置在蝎子湖公馆；在咸丰年间，集贤院成为监禁英国议和谈判代表巴夏礼的临时囚所。北海淀这座临时"国宾馆"，竟然成为中国外交史上重大事件的见证者。

马嘎尔尼驻于宏雅园

乾隆五十七年（1792），英王乔治三世，为了通过与清政府的直接交涉，"取得以往各国所从未能用计谋或武力获至的商务利益以外的权利"，打着为乾隆皇帝补祝八旬万寿的旗号，组成了以乔治·马嘎尔尼勋爵为特使的由军事、测量、绘图、航海等各方面随员百余人所组成的访华使团。随船带来了经过精心选择的各种贵重礼物，整整装了六百箱，分乘军舰狮子号和印度斯坦号前来中国。

马嘎尔尼被认为是具有很高的才能、品质和工作能力的官员。他从印度的重要职务上回国时，是受到在朝党和在野党一致称赞的唯一的人物；他充任彼得堡公使的时候，同俄国订了一个期效二十年的商务条约，后来沙皇才发现这个条约对英国太有利。这次访华使团的全部人员配备，都是马嘎尔尼精心挑选而经国务大臣批准同意的。

英国使团到北京后，被安置在北京西郊宏雅园居住。乾隆于五十八年七月十二日，颁发上谕："征瑞带同贡使于初十日已抵通州，现将贡物起拨抬至圆明园，暂令贡使人等在宏雅园居住。俟贡物普行检看齐全，将应行留京者交代金简、伊龄阿分别安设。"当时，乾隆帝正在热河避暑山庄，他要求英使先将贡物在圆明园安置好，再到承德去，带一部分贡品去朝见他。马嘎尔尼一行人在宏雅园共住了五天，从七月十六日到二十日，即公元1793年8月22日至26日。

在英国人的眼里，宏雅园是怎样一座园林呢？

乔治·马嘎尔尼在使华日记中谈到宏雅园时写道："所备为余等居住者，为数庭院，各有堂厢，共在一园内，园为中国式，曲径缠绕，小河环流，中成一岛，上有凉榭一，草地与杂树林相间错，高下不齐，顽石乱堆。全园居高垣内，园门有兵守之。房屋中有颇宽敞优雅不陋者，惟久未修理。"（转引自洪业《勺园图像考》）

马嘎尔尼的秘书乔治·斯当东对宏雅园的描述，与马嘎尔尼所记颇为近似。他在纪实著作《英使谒见乾隆纪实》一书中写道：

"招待使节团居住的别墅,即在海淀和圆明园之间。别墅至少占有十二亩地面。里面花园的走道蜿蜒盘旋,小溪环绕假山,草地上各种树木成林,太湖石不规则地堆在一起。整个别墅包括若干幢住房,分成许多小院子。住房的设计和装饰都非常考究。其中有些房子的墙上绘着水彩画。画得不算坏,也注意到配景法,但就是完全忽略了明暗面,这充分表示出中国的画法……这个别墅曾为几个外国使臣和各省大吏到圆明园谒见皇帝时住过。这个招待所好像空闲很久,有些地方已经失修。"(引自叶笃义译文)

狮子号军舰第一大副爱尼斯·安德逊,把宏雅园看成一个破旧肮脏的所在。他在一本《访华见闻录》中,细致地描述了宏雅园的概貌。此书的《圆明园的宫殿》一章中写道:"这是一座很

马嘎尔尼与斯当东

平凡的不合实用的建筑物,内中没有一间超过一层的房子。它的进口处是条极为平常的石头门道。这宫殿的地位不但低洼而且潮湿。它是处在两个死水池塘之间。池塘边上几间房屋的西边,通过一扇木门就到宫殿的另一部分。这座宫殿是分作两个四合院,屋舍排列成一个长方形,不仅是谈不到雅丽,而且破旧失修。沿墙砌上走道,有油漆好的木屋顶。在这座建筑物的几扇大门前面和一个大院的中间有几棵树,并不怎么别致也不美观。地面上则铺了一层沙砾。在这地区内还有几块小草地,看样子是没有修整过的。这些房屋的窗户配有方格窗架,糊上彩画的油纸。在炎热季节的白昼,则门户洞开而挂上竹制的门帘,画得奇丽,编织得细密精致。在整排的房子里,除了几只极普通的桌椅以外,没有其他设备,在屋子里找不到一张床或一张床架。这个住所有一种最粗野而荒芜的景象,也是我们看出来的情况,长期以来这里是蜈蚣、蝎子和蚊虫的住所,它们侵袭到这里的任何部分。这住所是被一座很高而坚固的墙围住的。"(引自费振东译《英国人眼中的大清王朝》)

三个英国人虽然对宏雅园褒贬不一,但还是勾画出了他们居住时这座园林的粗疏的轮廓。这是他们在乾隆五十八年(1793)七月观察到的情况,园林确实是荒废多时了。虽然偶尔有外地官吏临时居住,也是形同废园了。

英国使团住在宏雅园期间,都做了些什么事呢?据记载,一是确定送往圆明园的贡物摆放在何处。经皇上诏准,将八件贡物摆放在圆明园正大光明殿内,其中有一件天文地理大表,周围约一丈，高一丈五尺，安装时还选派了钦天监监正和工匠等十人，现场观看学习其安装方法。

二是中英双方就特使朝见皇上时的礼节，进行讨论和讨价还价。乾隆皇帝以天朝自居，特使必须行三跪九叩礼。而英方坚持按英国礼制："一足跪地，一手轻轻握着国王的手而以嘴吻之。"这遭到中方的拒绝。特使又提出一个折中的办法，如果中国坚持要他向中国皇帝叩头，他要有一个附带条件："一个同特使身份、地位相同的中国官员，必须朝衣朝冠在特使携来的英王陛下御像前，也要行同样磕头礼。"谈判没有结果。特使想在西方传教士中寻找中文翻译人员，为此准许他接触了一些西方传教士。

三是特使向钦差大臣提出，在宏雅园准备赴热河的路程不如在城内方便，请求移住北京城内。这一请求得到允许，英国使团于七月二十日，从宏雅园迁至北京城内没收入官的粤海关监督穆腾额的宅第居住。安德逊在这天的日记中写道："早晨十时，供使团全体人员所乘的单马车预备好了。士兵、机匠和仆役每两人乘一辆车，使团官员们则乘单人车，大使、大使的秘书和翻译员，同以往一样，均乘轿。出发时的情形，同以往相似。我们十分满意地与这所我们所居住的不舒服的寓所告别了。"

马嘎尔尼在热河拜见皇上后，返回了北京城内。皇上要在八月二十六日返回圆明园，观看英国特使的贡物。当时马嘎尔尼正患风湿病，而且痛得很厉害。但为了到郊外去迎接圣驾，他必须长途跋涉才能到达接驾地点。他只好接受接待人员的建议，于当晚再住到宏雅园去，第二天只需两个小时的路程便可以了。他又到宏雅园住了一宿，次日赶到接驾地点。路旁还专为特使搭建了一个小帐篷，以备休息。皇帝望见了马嘎尔尼，命轿子停下，差一个人前去慰问，并且叮嘱：早晨天气阴凉，不适于风湿病痛，希望特使马上回去休息。

不久，马嘎尔尼就因不施行中国礼仪而被命回国去了。他的外交使命没有完成，但他得出了如下结论："清帝国好比一艘破烂不堪的头等战舰，它之所以在过去一百五十年中没有沉没，仅仅是由于一班幸运的、能干而警觉的军官们的支撑，而它胜过其临船的地方，只是它的体积和外表。但是，一旦一个没有才干的人在甲板上指挥，那就不会有纪律和安全了。"马嘎尔尼还预言："英国从这一变化中，将比其他任何国家得到更多的好处。"

英使朝见乾隆皇帝

就这样，宏雅园作为外国使臣的临时驻地，接待了一个庞大的英国外交使团。它便被称为"国宾馆"。

阿美士德暂住蝎子湖公馆

在嘉庆二十一年（1816），英国政府又组织了以阿美士德为正使的访华使团，去完成二十多年前马嘎尔尼未完成的使命。阿美士德是英国贵族，也是英国国王的侍从官。副使斯当东曾随马嘎尔尼使华，以后一直在东印度公司任高级秘书和大班，精通中国语言和中国事务，曾翻译出版过《大清律》，是颇有影响的中国问题专家，连嘉庆帝也深知他的根底。嘉庆曾说过："有英吉利夷人斯当东，前于该国入贡时曾随入京师，年少狡黠，回国时将沿途山川形势，一一绘成图册，到粤后又不回本国，留任澳门已二十年，通晓汉语……斯当东在粤既久，英吉利夷人来粤者，大率听其教诲，日久恐致滋生事端。"使团翻译是在华的老牌传教士马礼逊。

嘉庆皇帝画像

随员还有在华从事殖民活动的庇时等。使团及从役人员共约六百人，乘坐英国皇家海军阿尔塞特号军舰，并有二舰随行，于嘉庆二十一年(1816)正月十一日离英启程，于闰六月初四日抵达天津。

嘉庆帝命工部尚书苏楞额为钦差大臣，前赴天津负责接待英国使团。阿美士德遇到的难题与马嘎尔尼一样，是觐见嘉庆帝时是否遵用中国礼仪行三跪九叩礼。皇帝颁谕：如果英使不遵守中国礼制，即"遣回本国"。英国另一副使埃利斯表示，可以遵用中国礼制；但斯当东却坚决反对，认为那有损英王尊严。正使只得采纳斯当东的意见。苏楞额宴请英国使团时，要求英使向皇帝牌位行三跪九叩礼之后入座。英使按英国礼制加倍数的方法，向嘉庆帝牌位三免冠、三拜揖、九俯首，苏楞额当即默许了。

此前，苏楞额已将英使访华日程上奏皇帝，并已获得诏准。苏楞额奏报皇上："定于二十一日带领（英使）启程进京，遵旨于二十八日带至圆明园蝎子湖公馆居住。至其所进贡物，必须该贡使等亲身拆包，眼同交对，方无舛错。奴才等拟同该贡使等一并送至蝎子湖公馆，以便交清，预备承览。"嘉庆帝颁发上谕："英吉利国贡使既约于月底可以到京，着苏等照料该贡使按期行走，于二十八日到海淀，在蝎子湖公馆居住。昨已有旨派出秀宁、格布舍各带章京十员、护军一百名，在馆舍外巡查看守。苏等将该使臣安顿妥协后，伊二人即于是日下晚进城。二十九日预备召见。朕于初一日至圆明园时，该使臣俱令在馆静候，不必带至驻跸瞻觐。"但是，苏楞额和广惠二人，并未将英使拒不遵从中国礼仪的事向皇上奏报，反而按原定计划于二十一日带领英国使团进京来。

嘉庆帝得悉苏、广二人隐瞒事实真相后，异常震惊和恼怒，严旨训责苏楞额，说如果英使"将来进表之日，行礼不如仪，彼时将贡使等立即遣出宫门，另派大员押送天津，登舟回国；定将苏楞额、广惠革职，拿交刑部治罪，决不姑息"。苏楞额不得不承认"奴才等实属糊涂错误"，立即下达命令，将英使进京各船在途次武清县蔡村停泊待命。皇帝改派理藩院尚书和世泰，礼部尚书、总管内务府大臣穆克登额为钦差大臣，赶赴通州，立下以七月初六为最后断限，不准英使再行拖延。

七月初五日，和世泰、苏楞额等四人竟然联名具奏，谎称："该贡使等仰荷天恩，至诚感服。奴才等随令其演习礼节，起跪不甚自如，勉力尚可成礼。"和世泰还决定带领英国使团进京，在原定的圆明园蝎子湖公馆恭候钦命。

七月初七日卯正二刻，嘉庆皇帝在圆明园正大光明殿传旨升殿受礼，王公大臣也整齐威严地列集大殿。但英使拒绝入园觐见。三番传见，和世泰都谎称"正使病泄"，"副使亦病"，不能觐见皇上。皇帝愤怒至极，传旨将英使即日遣送回国。副使斯当东既已承充贡使，不应留粤，永远不准再来澳门！皇上传旨，严惩接待官员，和世泰等四人都被革职、降职，并罚令分赔英国使团沿途的供应开支。

阿美士德率领的英国使团，连中国皇帝的面都没见到，推行殖民政策的使命成为泡影。作为安排英国使团居住的蝎子湖公馆，再一次见证了中英早期外交方面的严重冲突。

巴夏礼被囚集贤院

在咸丰年间（1851—1861），英法两国利用清政府因太平天国革命而陷于严重危机之际，对中国发动了侵略战争，即第二次鸦片战争。侵略者在咸丰八年（1858）攻占大沽、天津，逼迫清政府签订了《天津条约》。九年，又以武装进京换约为名，再次占领天津。清政府先后与英法代表在天津、通州进行谈判。

七月二十九日（9月14日），英法谈判代表巴夏礼、威妥玛带领从员四十余人，到通州谈判。咸丰帝认为："巴夏礼、威妥玛等系谋主"，谕令将这伙外国人扣押在通州，"勿令折回，以杜奸计，他日战后议抚，再行放回"。他命令僧格林沁，发现外国人的军队，则迎头痛击，"断不容其行至通州"。

八月一日，钦差大臣怡亲王载垣、兵部尚书穆荫已经完全接受了巴夏礼提出的议和条件。初二日，巴夏礼又生枝节，提出要到京师向皇帝亲呈国书，并要求撤除北京周围的防御，遭到载垣等人的拒绝。

初四日，巴夏礼又到载垣行寓，要求清军撤离张家湾。他还说："不递国书，即是中国不愿和好！"说完，"掉头不顾，骤马逃去"。载垣、穆荫在当天向皇帝禀报了逮捕巴夏礼等人的经过："奴才等以该夷狂悖至此，抚局断无可议。即知照僧格林沁，将该夷截拿。顷接探报，知巴夏礼业已就擒。大兵亦开仗获胜……该夷巴夏礼善于用兵，各夷均听其指挥，现已就擒，该夷兵心必乱，乘此剿办，谅可必操胜算。"

清政府将巴夏礼等人抓捕后,由刑部囚禁在集贤院。

英国谈判代表巴夏礼,到底是怎样的一个人?根据资料显示:他是英国一铁厂工人之子,家境贫穷。他的表姐嫁给了普鲁士传教士郭士立。郭士立是鸦片战争中英军的主要翻译之一,曾在英国侵略军占领的定海、宁波、镇江充当民事长官。巴夏礼借此于1841年来中国寻求出路,学会了中文。经郭士立推荐,充任英国公使代表濮鼎查的秘书,参加了鸦片战争。此后在厦门、上海、福州英国领事馆当翻译。咸丰六年(1856)代理广州领事。他策划制造了"亚罗号事件",并极力扩大事态,占领广州后成为广州的实际主宰。1858年底改任代理上海领事。此次英法联军再度北犯,专使额尔金任命巴夏礼为中文秘书。由于额尔金不愿与清廷官员打交道,便经常派巴夏礼出面与中方交涉。正因为如此,咸丰帝误认为巴夏礼是英方的谋主,以致在谈判破裂时将他逮捕拘押。

对囚禁在集贤院中的巴夏礼,究竟如何处置呢?咸丰帝和朝中大臣提出了几种设想和办法:一种意见是,要好生招待,不加凌辱,以免为英方扩大侵略提供借口。管理刑部事务的大学士桂良在奏折中上报,认为巴夏礼是"夷

咸丰皇帝画像

酋要犯", 已饬令官人严加防范, 并饬提牢厅, 早晚饮食都要让他适意, 不可稍加凌辱, 但 "该夷自收禁以后, 桀骜不驯, 骄悍成性, 辄敢在监与官人等生气, 不肯饮食"。而且在囚禁的第三天晚上又患腹痛病。狱方请来医生为巴夏礼诊视, 他竟拒绝诊脉用药。只好将他单另安置一个房间, 并加意开导劝说, 巴夏礼才用餐如常。桂良认为, 必须赶快将巴氏病痛医好, "不可令其遽尔病毙, 得稽显戮, 转使夷人借口"。

第二种意见是: 巴夏礼恶贯满盈, 应当正法处死, 以免除后患。在刑部呈上奏折的同一天, 即八月六日, 光禄寺少卿焦佑瀛等也有奏折呈递咸丰帝。奏折写道: "夷人在广东种种横恣, 即巴夏礼为之主谋。此次夷船驶入大沽海河后, 由津至通, 恃强挟制, 肆意狂孛, 实属罪恶贯盈, 神人共愤。今被官军擒获, 该夷已失所恃。惟夷情诡谲, 或求放还巴夏礼则退兵就抚, 若误信其言, 譬如虎兕出柙, 不可再制。伏愿我皇上乾坤独断, 立将巴夏礼极刑处死, 以绝后患。"第二天咸丰帝即有朱批: "是极。惟尚可稍缓数日耳。钦此。" 皇上已经同意将巴夏礼处死。只是留下了一个缓期执刑的尾巴。焦佑瀛等人见到朱批仍不甘心, 又奏明应让巴夏礼为议和出力, "倘该酋不肯为我尽力, 仍当处以极刑, 以伸国宪"。户部右侍郎、内阁学士袁希奏请将擒获洋人 "立正典刑, 拔去祸根"。工科给事中何璟奏请, 将巴夏礼 "立即枭示以快人心"。这些意见都没有被采纳。

第三种意见是: 对巴夏礼既不处死, 也不能释放, 而是作为人质, 来制约敌人, 以为 "转圜地步"。兵部尚书沈兆霖奏请,对巴夏礼如果即行诛戮,敌人一定会愤兵深入,"莫若暂且牢固监禁,有照会与敌,即告以夷兵前进,先斩此人。使之系望生还,而不敢轻进锐举"。僧格林沁的奏折,与沈兆霖所言相近:"至前获巴夏礼等,可否饬下恭亲王等加以恩礼,妥为看待,以免将来该夷搬弄是非。现在势处两难,若将该夷正法,是激群夷之怒,坚其攻城之心。若将该夷放回,其患更不堪设想。为今之计,仍应妥为看待,以为转圜地步。"

这种建议受到咸丰帝的重视。奕䜣和桂良等更将巴夏礼转移到德胜门内高庙暂押,开导他致函额尔金劝令退兵,然后再进行和谈。巴夏礼书写了中文函件。内容如下:

> 现在中国官员以礼相待。据云恭亲王人甚明,能作主意。既能如此,伏谅暂可免战议和。
>
> 巴夏礼亲笔

上信载清贾桢等撰《筹办夷务始末(咸丰朝)》。此信由僧格林沁派员转递额尔金。但巴夏礼又致信威妥玛,说:"不要为我等在此,遂阻进兵。我性命之存亡,全然在天。即此致候,并祝上天保佑你们。"

八月十三日(9月27日),英法联军悍然向北京进军,已攻占朝阳门外。咸丰帝以为只有送还巴夏礼,才有可能使英法联军停止进攻,便令奕䜣斟酌办理。二十一日,敌军已占领德胜门外。二十二日奕䜣才照会英法公使,答应送还巴夏礼。但是侵略军已经占领海淀镇和圆明园,并开始焚烧劫掠了。二十四日,逃到长辛店的奕䜣,下令派人将巴夏礼放出高庙,送往德胜门外的联军营地。

关于巴夏礼等人在集贤院被囚禁的情况,金勋《成府村志》有简略的记载:咸丰年间,集贤院为军机处,南部为提督公所。至咸丰庚申之役,英法联军因换约失和,攻陷天津,势如破竹,追击清军,占领通州。怡亲王、端华、肃顺三人派人赴通州议和。在八里桥用诡诈生擒巴夏礼等二十余人,连夜进京,囚之于集贤院南所提督下处。次日,怡亲王、僧格林沁、九门提督三堂,在军机处坐堂。正堂三副公座,怡亲王正座,僧格林沁在左,提督在右,皆官服挂珠。左右侍卫均挎刀执戈两边侍立。审讯完毕后,令步军统领仍押下去收监,暂行监禁。次日,怡亲王会同僧格林沁、步军统领将所俘物件,枪支、子弹、马鞍、宝星勋章等,系属证物,应存圆明园正大光明殿保管。

金勋还写道:"西人记载被俘之人囚禁圆明园之说则非也。御园焉能囚禁俘虏?实囚之于集贤院内提督公所,则为确实。且西郊年老之人尚能述其事实。"

金氏所言不虚。20世纪70年代初,一位世居海淀的七旬沈姓老者说,他年轻时听老人们讲,在英法联军火烧圆明园时,在吉祥院曾经审问过几个洋鬼子,杀了杀他们的威风,可给咱中国人出了口闷气。洋鬼子在咱海淀犯下了滔天大罪,刀砍了他们才让人解恨!"吉祥院"是"集贤院"的谐音,被老人念讹了。

巴夏礼在八月二十四日(10月8日)回到了额尔金的身边。

正是在这一天,额尔金下令焚毁了圆明园、海淀镇和周围的众多京西名园。巴夏礼又成为英军的一员,继续为英国的侵略战争效劳。八月二十六日,英国远征军司令格兰特,应钦差恒祺之邀,答应派人护送恒祺去圆明园一趟。格兰特派遣的随同正是巴夏礼。巴夏礼跟随恒祺来到圆明园的后湖边,去寻找和安置投湖自尽的总管内务府大臣文丰的尸体。格兰特曾在他的日记中记载了此事:"10月10日,钦差恒祺要求我们允许,偕同巴夏礼,赴圆明园游览一趟。我答应了,并且派了一人,护送他去。后来巴夏礼告诉我,说看见那个可怜的人,令人难受得很。恒祺坐在一个小湖的岸畔,双手抱头而哭,声说万事皆休,他也将要自杀,了此残生。但是他来此的主要目的,是因传闻他的好友,监守圆明园的那人,已经投水自尽,特来寻获他的尸体。以后这个尸体,居然在一个湖内找到,恒祺就回北京去了。"

英法联军要挟清廷,必须打开安定门,允许联军入城,否则,将在10月13日炮轰北京城。英法联军的代表巴夏礼,与清廷钦差恒祺谈判,清廷被迫同意,于10月13日正午开启安定门,允许英法联军约四百人,全副武装开进安定门。

当英法侵略军侵占圆明园后,不仅发现了额尔金签署的1858年《天津条约》的原件,还见到了马嘎尔尼在1793年献上的英王礼物,包括高级马车、两座榴弹炮、枪支和炮弹、枪弹。他们还在正大光明殿附近,找到了巴夏礼等人在集贤院被没收的马匹、辔鞍以及宝星勋章等物品。这些清军的战利品又物归原主了。巴夏礼是否又回到了拘禁和审讯他的临时监狱集贤院,他是否也像那些纵火犯一样，举起了一把罪恶之火？我们不得而知，也不知他在《亨利·巴夏礼在中国》一书中，是否留下了真实的记述。

但巴夏礼并未在中国土地上消失，这个在侵华战争中大红大紫又大起大落、身兼阶下囚和胜利掠夺者的风云人物，在他的主子逼迫清政府签署了丧权辱国的《北京条约》后，又到中国南方去经营他的殖民事业去了。

半年以后，巴夏礼偕威妥玛从广州来到北京，带着两名武官，去求见当时掌管总理各国事务衙门的恭亲王奕䜣。奕䜣在咸丰十一年三月十二日的奏折中，向皇帝禀报了此事："今巴夏礼于初十日晚间到京，十一日申刻巴夏礼偕威妥玛同到公所来谒。臣等接见时，情词颇为驯顺。据称，伊系由长江回京，与该国钦差卜鲁斯有商办通商事件，并携有该国武官二人。一二日间即令回津，并无他语。略谈片刻，即便辞去。"奕䜣四月十八日的奏折称："此次巴夏礼到京后，来臣等公所谒见。数次所谈均系泛论税务情形，尚称驯顺。所有英法两国交还粤东省城一事，巴夏礼颇有见好居功之心。日前来公所告辞云：本月十四日赴津，在津住一二日，即前往粤东办理交还粤城一事。"

巴夏礼在北京盘桓一个月后，于四月十七日在天津登船，回广东去了。奕䜣在谈到巴夏礼为什么要求见时，说："揣其用意，自因臣奕䜣等专办各国事务。前来谒见，将来即可夸耀于人，侈为体面。"听奕䜣的口气，好像不是一位屈膝投降的败将去会见一位侵略战争的胜利者，却仍然以官大权重而自恃。这种心态和作为，怎不令人齿冷！

民族英雄燕桂

在雷氏族谱中，有第六代样式雷——雷思起和他的兄弟思振、思泰、思淼"同顿首敬书"的一段文字，记述他们的大姐即第五代样式雷——雷景修的长女燕雷氏，同燕家共十六口人，在英法联军侵占焚掠海淀镇时，壮烈殉难的经过。

燕雷氏生于清道光三年（1823）九月初四日。在道光二十年她十七岁时，嫁给同住海淀镇的燕桂次子燕岐瑞。她在雷家受到良好的家庭教育，"平生行中，虑言中伦，任天而动，率意而行。与人无忤，与世无争。行己以恭，待人以谦，可谓贤德而已"（雷思起文中语）。婚后夫妻和睦，孝顺公婆，"昼夜侍奉无违，忧思勤苦二十年如一日"。她生有二男二女，俱已早夭。燕雷氏回娘家探望父母兄弟也很方便。燕宅位于镇甸御道南侧的杨家井胡同，只需过御道往北穿过一百多米长的莺房胡同后往西拐，便是槐树街样式雷祖宅。

燕雷氏的公爹是畅春园汛千总燕桂。燕桂的父亲是一位商人，在海淀镇东北方毗邻的成府村开设了一家义成木厂。燕掌柜雇了一批伙计，在"红葫芦上坡儿"南侧建起一排平房，人称"燕家锅伙"。义成木厂在咸丰初年承做圆明园工程甚多，因而发家致富。他用承包皇家园林工程剩余的砖瓦木料，在海淀镇杨家井东口购置宅基地修建了一座宅园。燕桂一家即居住于此,人称燕桂宅园。

我从国家图书馆收藏的样式雷图文史料中,查到一张题为"燕宅"的建筑图样,能够详细得知燕桂家宅房屋的布局。燕宅位于杨家井东口路南,分作东、中、西三路。中路,进三间大门后为前院,有东西厢房各两间;跨过穿堂门便是中院,为一座南、北、东、西各建房三间的四合院,南房为正房,南北房都有前廊;后院呈曲尺形,有五间南房和两小间北房。西路的南半部是一座三合院,东方为正房,屋宇宽大,建有前廊,南北两侧还各有一间耳房,南北厢房各三间,西侧为院墙,没建房屋;北半部是两座并排的东、西跨院,东院四间北房和两间东房,西院只有北房三间。东路是一座花园,靠近南院墙建五间大厅,有前廊;北部建一道粉墙,靠北院墙建一排罩房共七间;粉墙正中开一道垂花门,

杨家井胡同

是为北小院到花园去的通道。

燕宅东墙外的胡同，南北走向，也叫杨家井。燕宅东院墙对面路东是清末军机大臣王文韶的宅园。雷氏和王氏这两家宅园，在新中国成立后改建成海淀南大街小学，燕家花园改作小学的运动场。我在1989年去过这所小学。运动场南北靠墙各建有一排平房，是体育老师办公室和体育器材室。操场地下是一个连通海淀镇各条地道的地下枢纽工程，设有指挥部。所以操场干燥起土，学生运动时常有尘土飞扬。经常喷洒清水，也很快就蒸发了。燕家宅基上的建筑，在2001年建设"中关村西区"时被全部拆毁。

畅春园千总燕桂，是清代京城治安警卫系统的基层官员。在清代康熙年间，为保卫京城、维护社会治安，设立步军统领衙门，下辖巡捕南、北、中三营，后改为中、南、北、左、右五营。海淀镇原属巡捕南营，后改归中营。中营副将署原先驻在镇甸泄水湖，后移驻后官园（即新中国成立后的海淀区公安分局驻地）。

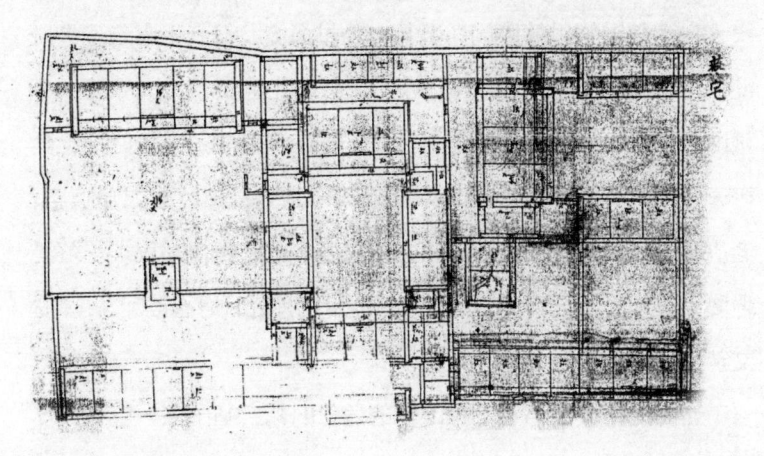

样式雷绘杨家井燕宅平面图

中营下辖圆明园汛、畅春园汛、树村汛、静明园汛、乐善园汛，共五汛。畅春园汛下辖海淀镇和黄庄、太平庄、八家村、佟府村、六郎庄、冰窖村等几个村庄。畅春园汛守备署设在与后官园毗邻的下洼子胡同和莺房胡同的交界处，今为莺房胡同三号院。守备署衙门坐西朝东，为二进院落；后院还有一个小跨院。大门前有一座一丈多高的影壁，大门两侧各有两间汛兵用房。前院正房三间是大堂。后院的月亮门两侧各有两间堂役用房；西边正房三间为守备办公处所。下洼子中间往东有一条辛庄大胡同，此胡同东口设有畅春园汛下属的左哨千总官房——此官房正是燕桂千总当差之地，右哨千总官房设在黄庄双关帝庙。

咸丰十年八月二十二日（1860年10月6日），英法联军的侵略魔爪，伸向驰誉天下的万园之园圆明园。侵略者在火烧圆明园的同时，也将京西重镇海淀镇劫掠焚毁。当时的著作这样记载海淀镇的悲惨遭遇："二十二日僧王（即僧格林沁）移军迤北。夷人自朝阳门绕过德胜门。薄暮，经过海淀，恭亲王避走。是日德胜门外火光烛天，海淀被焚。"（《庚申北路》）"二十二日……贼匪即于是日直扑海淀，绝无一卒一骑出而御之。遂于酉刻，焚御园大宫门，延及同乐堂、慎德堂等十八处。市肆间如娘娘庙、老虎洞各大街，王公大臣的平野绿泉各名园，尽付劫灭。"（赘漫野叟《庚申夷氛纪略》）"老虎洞、挂甲屯等处，房屋被焚。"（《翁文恭公日记》）

当海淀镇被侵略者劫掠蹂躏的危急时刻，站出来一位顶天立地的民族英雄，他就是畅春园汛千总燕桂！法国侵略者的一伙士兵,在焚掠老虎洞后,又豺狼般扑向鸾房守备署北边的下洼子胡同。正在执行巡逻任务的燕桂千总和他的叔父、八品顶戴燕茂林,勇敢地迎上前去,奋力挥刀抵抗,一连砍死数名敌人,但终因寡不敌众,力不能支,叔侄二人先后被侵略强盗乱刀刺死。惨无人道的法国侵略者,竟将二位英雄的尸骸当街焚烧了。

还在八月二十二日英法联军刚一侵入海淀镇时,燕桂夫人即对全家老少妇女说:万不得已时,我们要尽节殉难,以保贞洁。燕雷氏闻听此言,毫无惧色,对婆母说:即使婆母不说,儿媳也早有此心。只是我没敢向全家说出来,唯恐大家有求生之意,不忍捐躯。燕雷氏与婆母的对话,使全家老幼早下定了尽节殉难的决心。

八月二十四日,就在燕桂与侵略军士兵拼杀的那一天,海淀

燕桂殉难地下洼子胡同

镇已是一片火海，侵略强盗在大街小巷疯狂地烧杀劫掠。燕桂夫人悲痛而果决地对全家人说："外国兵已到，火光四起，事已至此，到了殉难全节的时候了！"燕雷氏把婆母的话当作命令，便率先走进屋去。然后全家老幼共十四口，也都毅然决然地相继进屋，并关闭门窗，自己动手将房屋点火焚烧，全家人壮烈殉难尽节。

这惊天地泣鬼神的一幕，与燕桂在战场英勇杀敌而牺牲的壮举一样，显示着中国人民爱国抗敌、视死如归的冲天壮志和威武不屈的大无畏的精神。

英法侵略军撤走后，燕桂全家遗骸安葬于西郊王家庄燕氏祖茔。

燕桂幼子燕岐俊，向巡捕中营副将陈良才详细讲述了全家十六口同时殉难的经过。步军统领衙门将此事上奏朝廷。十一月二十三日，咸丰皇帝颁发上谕："瑞常等奏千总合家遇害恳请议恤一折。八月间海淀被扰，中营千总燕桂全家十六口同时被难殉节，情殊可悯。千总燕桂及其亲属八品顶戴燕茂林、燕岐源、燕刘氏、燕马氏、燕石氏、燕雷氏、燕刘氏、燕王氏、燕石氏、大妞、三妞、小妞、四妞、九连、二红，均着交部分别旌恤。钦此。"

金勋先生在《成府村志》中，也记述了这一史实："燕桂为畅春园千总。因咸丰庚申之役，八月二十三日、四日，法国军队在海甸勾串土匪，放火抢夺。千总燕桂战死，合家十六口自焚殉难。至今海甸杨家井北口路南有肉球坟，即燕家殉难之地。"

如今，杨家井燕桂宅园、海淀镇后官园中营副将署、莺房畅春园汛守备署和辛庄左哨千总官房旧址，已经在2001年拆除，只有右哨千总官房黄庄双关帝庙还巍然屹立在那里,向人们诉说着燕桂、燕雷氏以其全家威武不屈的英雄故事和崇高的爱国主义精神。

斯诺在海淀安家

美国著名作家、中国人民的朋友埃德加·斯诺,在他所著的《旅行于方生之地》(中译本名《我在旧中国十三年》)中曾经写道:"我们骑脚踏车去海淀看房子""在燕京大学和西山附近找到一所新房子""于是我们马上搬到海淀去住""我们在这个理想的环境里居住了将近两年时间"。斯诺是在1933年4月,到燕京大学任教时搬来海淀的,而在1935年春当了伦敦《每日先驱报》的特派记者以后,他才"搬出海淀区,住到北京城内来"。

斯诺先生住在海淀镇哪条街上?作家萧乾在一篇回忆录中说:"当时斯诺夫妇

斯诺旧居古槐

住在海淀军机处八号一所舒适的中国式平房里。"北京大学教授侯仁之先生也曾亲自向我证实：斯诺正是住在这里。侯先生当时也住在这条胡同，与斯诺先生是邻居。

如今，斯诺旧居早已拆毁，连军机处胡同也不存在了。斯诺的住宅，大致坐落在北京大学西南门内一带，斯诺门前的一株老槐树还枝叶繁茂，生长旺盛。一位久居海淀的退休教师告诉我：当时八号院门坐西朝东，是一个黑色的铁栅栏门。庭院广阔敞亮，有不少果树和一丛翠竹，还有一座小游泳池。中西合璧式的簇新住房建筑在高地上，大方而又优雅。透过明净的玻璃窗，可以远望颐和园和西山的景色。

斯诺和他的夫人尼姆·威尔斯非常喜欢这个地方，说他们在这里"接触到了大学里的现代青年和思想，并且骑着脚踏车，可以很容易地游遍中国最富于历史性和最美丽的名胜地区之一。那里有大钟寺、玉泉山、白塔寺、西山八大处，以及颐和园等"。

斯诺住在海淀的时候，正是一二·九运动前夕。当时的燕京大学和清华大学，都是我党领导的进步学生运动的重要堡垒。许多青年常到斯诺家拜访。燕京大学学生运动的领袖龚澎就是这里的常客。一二·九运动的领导者黄敬同志，去斯诺家也"十分频繁"（斯诺夫人语）。斯诺存有很多中文和外文的书籍和各种刊物，青年们不断地来借阅这些书报和禁书。于是这里成了学生们"真正的课堂"，成了他们"呼吸一点新鲜空气的窗口"。燕大学生萧乾曾认真阅读了斯诺推荐给他的史沫特莱的自传《大地的女儿》，并向一位自称"布朗太太"的外国妇女谈过他的读后感。后来才知道，这位布朗太太就是史沫特莱本人——她是为了躲避国民党特务盯梢，才化名来北平斯诺家小住的。她的《中国红军在行进》等描写红军根据地的书籍和文章，也是青年们非常爱读的作品。

斯诺夫妇非常同情和支持进步学生的活动。斯诺夫人还曾建议青年们"在街上举行模拟性出殡——尸体代表华北，象征它正被日本人和国民党官员埋葬"。在一二·九运动的高潮中，燕京大学和清华大学的学生们，呼喊着震天的反帝爱国口号，用自己的血肉之躯撞开了被国民党军警紧紧关闭的城门，与城内的青年战友们一起，举行了声势浩大的示威游行。斯诺动员了另外一些外国记者，到示威的现场去采访，并向全世界作了客观报道。斯诺写道："蒋介石的国民党把许多爱国的男女青年，赶到了作为中国最后的希望的红旗下来。"几个月后，当他秘密赶赴延安为写作《西行漫记》进行采访时，他还把亲临目睹的一二·九运动实况，详细地讲给毛泽东同志听了。

斯诺非常喜爱海淀，因为那时他正在集中时间刻苦地学习中国语言。他写道："海淀的居民成分复杂，但他们都操优美的北京话，因此，这里是外国人学讲中国话最理想的地

斯诺的作品《西行漫记》

方。"他专门请了一位满族老教师指导他的学习。他终于认得了1500个方块汉字,能够阅读一些白话作品,并且会说适度流利的北京话,能"在简单的交谈中表达自己的思想和了解别人的意思"。他欣喜地说:"我给精细巧妙的中文迷住了!"有一天,他到前门大街亿昌图章店,请人刻了一枚阴文图印。人们看了图章上用隶体汉字书写的"施乐"二字,还以为这是中国人的印章呢。他曾用中国话无限深情地告诉别人:"中国真正是我的第一家乡。"

斯诺先生爱海淀,也爱北京,因为他爱中国。他说:"我爱中国。我希望我死后有一部分留在那里,就像我生前一贯的那样。""我的一部分将永远地同中国的褐色的群山、碧玉似的梯田、晨雾掩映的岛上庙宇留在一起,同它的一些曾经信任过我、爱护过我的儿女留在一起……"现在,斯诺的一部分骨灰,已经在1973年10月19日,安葬在他多次徘徊过的未名湖畔了。他永远长眠在海淀的土地上了。我们所有的海淀居民和北京人、中国人,将永远记住这位令人钦佩的美国朋友。

未名湖斯诺墓

牧师教育家祁国栋

海淀基督堂的牧师祁国栋先生,是一位虔诚的基督教信徒,也是一位爱国者和卓有功绩的慈善家和教育家。

基督教在海淀镇居民中传播,已经有 100 年以上的历史。20 世纪初叶,基督教公理会在北京西郊成立了基督教布道会,在蓝靛厂、四王府、门头村一带宣教,发展了一些教徒。之后,1921 年,清华大学美国籍教授麻伦与北京公理会商量,拟在海淀镇设福音堂,自愿负担常年经费。1914 年,北京公理会由蓝靛厂迁至海淀镇龙凤桥地方,设立临时传道棚。1915 年,由麻伦教授发起,向清华大学校内教徒募集款项,购置了海淀南大街路北的一家商号,修建房舍,建立教会,于 1915 年 10 月 6 日正式揭幕,定名中国基督教会

祁国栋像

布道会，隶属于公理会。几个月内，发展信徒 100 多人，以后规模不断扩大。

1921 年秋，燕京大学的首届毕业生、获得燕京大学文学院和神学院双学士学位的祁国栋，受聘于海淀福音堂做布道员、布道主任。祁国栋出生在冀中一个贫苦的农民家庭，因为父亲是基督教的信徒，自幼便被送到当地的教会学堂读书。后来到通州协和书院勤工俭学，又在协和大学、燕京大学就读。通过半工半读的形式，白天上学，晚上在夜校教授英文，并以优异的成绩获大学的奖学金，从而顺利完成了学业。

祁国栋深受基督教自由、博爱、平等思想的影响，又是一位关心时事的爱国青年。当"五四运动"爆发时，他与同学们一起走上北京街头，声讨腐败卖国的北洋政府，反对在巴黎签订卖国条约，参加了"火烧赵家楼"的爱国行动。受革命学生运动的熏陶，他在青年时代即树立了独立图存、教育兴国、振兴中华的爱国思想。在海淀福音堂，祁国栋发现教会中主管人事和财务大权的"差会"，操纵在外国人手里，很不满意。他主张海淀福音堂应当由中国人自己办，有独立自主权，实行自治、自养、自传的方针。还应当积极开展社会公益事业。这些主张得到广大教徒的支持。

1933 年春，海淀中华基督教会开始筹建礼拜堂。发动教徒捐献资金银圆 3840 余元，又向公理会借支 1000 元。施工半年时间，于 9 月 30 日建成献堂。教徒又捐献 800 余元，购置了堂内桌椅等物，实现了信徒自立自养不依赖洋人的愿望。在礼拜堂落成仪式上,祁国栋被正式按立为牧师,主持海淀基督教会的工作,摆脱了"差会"的约束。

祁牧师的爱国情操是执着的、一贯的。1937年7月7日卢沟桥事变后,日本侵略军在海淀镇制造了屠杀中国平民的"黄庄惨案"。祁牧师联合镇上商会和各界人士,共同调查平民死伤情况,处理善后事宜。由于日军在镇上借口"搜查土匪和枪支",四处骚扰,抢掠财物,侮辱妇女,海淀镇一时处于白色恐怖之中,人心惶惶。祁国栋在教堂门口悬挂红十字旗,开办临时难民收容所,使数百人在院内避难,起到安定民心的作用。1942年7月23日,日本特务机关以"共党嫌疑"的罪名,将祁国栋和他的两位子女逮捕,同时遭到拘押审讯的还有燕京大学的师生侯仁之等30人。祁国栋被关押49天,敌人一无所获。在社会舆论压力下,又有海淀各界400余人签名保释,祁氏父子才得以释放出狱,获得了自由。

祁国栋牧师在主持教会事务的同时,还大力从事社会公益事业和教育事业,使他成为知名的慈善家和教育家。

在国民党反动统治以及日伪政权的压榨下,社会黑暗,生产萧条,商业萎缩。海淀镇及周围村庄中,人民生活极为困苦,很多贫苦居民衣食难以为继。在镇上的泄水湖里曾几次出现过因饥饿而自尽的穷人尸体。祁国栋目睹乡亲们在饥馑中挣扎,决心通过教会的力量,筹办挑花工厂和慈善工厂。组织有劳动能力的人和残疾人自救,使一批穷苦人解决了最基本的生活问题。

基督教海淀堂先后组织了三个挑花工厂,有教会院内11间

基督教海淀堂大门

厂房的培元挑花工厂，蓝靛厂的培德挑花手绢工厂和成府村的培善补花工厂。挑花厂招收住在工厂附近的家境贫寒、无力进学校读书的16岁至20岁的女青年，经过短期培训后上岗就业。挑花厂生产的产品，是在乳白色的夏布上，以深浅不同的手工挑花制成桌布、床单以及手绢等花边制品。经检验、洗烫、包装后，交由海淀基督教会董事、燕京大学妇女会夏仁德夫人等，联系出口至美国。工厂收入除留一部分支持教会活动外，全部用于女工工资、医疗健康和提高文化教育水平。工厂为女工定期体验，有疾病的给予医疗和营养补助。祁牧师还请来老师办夜校，教女工们读书识字。长年坚持，不少人达到了小学毕业水平。镇上一位青年妇女李某，年轻丧夫断绝生活来源而投河自尽，被人救上岸后送到教会来请求帮助。祁牧师将她收留在挑花厂做工，并鼓励她独立求生。她努力做工，刻苦学习文化，被送到一所女子中学就读，后来成为一位新生的知识女性。

海淀教会还在黄庄双关帝庙开办了一座慈善工厂，专门收容10岁至18岁的男性孤儿。工厂购置了缝纫机和织袜机，教授男

基督教海淀堂

孩生产技术，获得谋生手段。祁国栋又请来一位教过私塾的杨老师，教孩子们学习文化知识。到十八岁以后再帮助他们在社会上找一份工作，以自食其力。祁牧师还将其中的一位孤儿，吸收到教会的收发室工作。

祁国栋先生租用了镇上辛庄大胡同八号院，开办了一个小型的海淀妇女养老院，免费收容了十名失去自理能力的孤寡老年妇女。请来一位教会信徒负责照料老人的生活；还雇用了一位女工专为老人们洗衣、洗澡、做饭，使老人们避免了冻饿而死，在不愁吃穿的环境里安度晚年。

祁国栋先生热心举办慈善事业，使一部分贫苦居民得到救助。他还创办了一所小型的助产医院，聘请专业助产士用科学方法接生，免费为贫苦孕妇服务。有一年，上百名河北省涝灾农民逃荒来到海淀镇时，祁先生与商会联合筹资，组织他们生产自救。开春后，灾民平安返回原籍。

祁国栋先生花费精力最大、产生影响最大的事业，是他创办了培元小学和培元中学，将海淀镇及周围的适龄的少年儿童培养成社会上有用的人才。

在海淀镇方圆十里范围内，人口超过万人。当时只有一所小学，没有中学，远远不能满足儿童少年的入学需求。祁国栋在学生时代即受到"教育兴国"思想的影响，面对大量失学儿童，他决心创办一所小学，给他们以入学读书的机会。没有经费，他就向教徒和社会募捐。1924 年，利用教会的房间，成立了只有一个班的"培元小学"。校名培元取意"培养中华民族之元气"。祁国栋自任校长，招聘了一位热爱教育又有一定教学经验的基督教徒任爱德女士担任教师。

培元小学从开办那天起，就带有慈善性质。收费很低，而且明确规定，对家境困难的孩子，一律免收学费。

第二年增加了一个班数和级次，学校采用复式教学的形式。以后逐年增加，扩大班级和师资力量。到 1932 年，培元小学达到了完全小学的制式，一至六年级共有学生 100 多人。到 1937 年，祁校长为了满足海淀地区更多孩子读书的要求，通过董事会再次以募捐方式筹集资金，将教会北边的官马圈购置下来扩建校舍，取消了复式教学班，学生总数达到 200 余人。

到 1944 年，海淀没有中学。培元小学和公立小学的毕业生，若想升入中学读书，必须报考北京城里的中学。这对于绝大多数学生，特别是家境不富裕的学生来说，是不可能的。于是众多的学生家长和社会人士，纷纷请求祁国栋校长能创办中学班。

祁校长凭借十余年的办学经验和内心"教育兴国"的执着信念，决心在社会和家长的支持下，筹办中学。有了社会各界和教徒们的鼎力相助，祁校长募集经费，聘请教师，终于在1944年9月，在教会院内创办了海淀镇第一所中学——培元中学。中学与培元小学合称培元学校，祁国栋被聘为校长。

培元学校是以海淀中华基督教会名义开办的私立学校。学校的教师由校长从社会招聘，也从燕京大学和清华大学在校生中选聘兼职教师。教师队伍的实力，论其思想品格、理论知识和专业能力等各方面都是高水平的。他们大多身处高等学府，在教学和科研的前沿，随时接受新的科研信息，并在教学中讲授，培养了学生的兴趣，扩大了知识领域。教师们运用各种教学手段，准确而扎实地传授知识，因而培元学校教学质量之高是远近闻名，有口皆碑的。

培元学校为使学生全面发展，增长多方面才干，经常开展丰富多彩、生动活泼又独具特色的课外活动。如讲演会、辩论会，物理化学生物学科小组活动，篮球、排球、垒球比赛，合唱团和演剧队以及游园、登山活动等。这些深受学生喜爱的活动，培养了爱国主义和集体主义精神，锻炼了独立工作能力，提高了学生的素质，也受到家长和社会的欢迎和高度评价。

培元学校曾因经费拮据，于1946年与燕大附中合并一年。后因燕大附中主要面对燕大子弟招生，学费也偏高，一年后培元学校再次复校。为此，祁国栋校长到处奔走，筹措资金，多次亲自骑自行车往返于海淀与北平市教育局之间，才得以获得承认。

1948 年底海淀镇解放，1952 年，遵照政府发布的私立学校改革的指示，培元中学与培元小学分开；中学部与蓝靛厂中学班合并，取名北京市第十九中学；培元小学更名海淀泄水湖小学。在交接工作中，祁国栋校长积极配合，使转制工作顺利完成。面对十九中新校长的诚心挽留，祁国栋终因身患多种疾病申请退职。经北京市教育局批准后，回家养病，安度晚年。

1961 年，爱国牧师兼慈善家、教育家祁国栋先生，病逝于海淀镇寓所。

如今，培元学校的校址已不复存在，祁国栋校长也已作古。但是他的名字，与那些为教育事业做出杰出贡献的香山慈幼院熊希龄院长、西山中学和温泉中学李石曾校长、育英学校韩作黎校长、六一幼儿园姚淑萍园长等人一起，在海淀教育史上放射着耀眼的光芒。

地下党员"任和尚"

海淀镇后官园路西有一座大院，清代一直是步军统领巡捕中营副将署衙门所在地。新中国成立后，则是北京市公安局海淀分局的办公地点。

北京市公安局海淀分局办公楼

公安分局大院里,经常有一位中年警察迈着舒缓的脚步平静地溜达。他那饱经风霜的脸上出现了浅浅的皱纹,眉宇间透着豁达和英气。海淀区的警察们个个都很熟悉这位英雄的共产党员,见面时都怀着崇敬的心情打招呼,喊一声:"任和尚,你好!""和尚大哥,你好!""大哥好!"

他就是大名鼎鼎的任显宝!他在国民党反动统治下的北平,遵照地下党的指示,装扮成佛教僧人,在袈裟的掩护下,在北平西郊白塔庵建立了秘密联络站。他积极启发和教育群众,宣传革命道理,发展党的组织,开展革命活动,掩护地下党员干部,转移进步青年到京西根据地,做了大量工作。当敌人将他逮捕入狱后,对他反复审讯并施以各种酷刑,但他英勇不屈,坚持斗争,严守党的秘密,终于迫使敌人宣布无罪释放。

北平解放后,他调到公安战线继续为党的事业辛勤工作。他与国民党反动派英勇斗争的故事,在公安队伍和人民群众中广泛地流传,成为进行革命传统教育的好教材。

那是1948年初,一个天气阴郁的早晨。

呼啸的寒风,卷起紫竹院的枯草败叶,掠过崇兴寺残破的庙脊,吹得寺院里两株高耸的白果树呜呜作响。风声压过了隐隐传来的敲磬声。

大殿里,一个身披青色袈裟的和尚,把三炷香插在观世音塑像的香炉里。几缕青烟袅袅升上屋顶。摇曳的烛光,映照得他那秃顶发出微微的闪亮。他轻蔑的目光扫过佛像,不住地嘟哝着:哼!要是菩萨能"普度众生",我也不会参加共产党了!

这位身披袈裟的老和尚,就是华北局城工部派来的共产党员任显宝同志。

老任来到崇兴寺已经四五年了。他原是京西斋堂人,小时候念过几天佛经。因为与嘉兴寺居士沈某熟识,便被介绍到这里,以当和尚作掩护,建立了党的地下活动地点。

这崇兴寺是嘉兴寺的下院,距离西直门只有五六里,几十年前原是个尼姑庵。庙北部有一座印度式白塔,俗称"白塔庵"。白塔庵有耕地一百多亩,雇着六七个长工。每年收获的粮食,全被嘉兴寺的总管家崇辉运走。任显宝的活计就是看庙和在农忙时为长工做饭。所以人们称呼他为任和尚、任师傅,也有人叫他任先生。

与老任一起住在白塔庵的,是贫苦农民高世五一家。高世五夫妇和他们的三个儿子——振山、振江、振海,都是老任发展的地下党员。这三兄弟都给地主扛活,房无一间,地无一垄。老任就让他们搬进庙里来,住进了西配殿。

这天夜里,西北风仍然刮个不停。任显宝刚刚躺下,正在与同睡一条炕的高世五说话,他喂的一条大黑狗突然"汪!汪!汪!"地狂叫起来。老任警觉地跳下炕,侧耳细听,随着风声送来了一阵杂乱的脚步声。他急切地说:"老高,恐怕有危险!"老高说:"我去看看!"便跑出了西配殿。老任赶紧把贴有自己照片的身份证藏了起来,披好衣服,走出了房门。

白塔庵塔

但是,已经晚了。十几个手持短枪的便衣特务围了上来,枪口对准任显宝,说:"不许动!你叫什么名字?""我叫李贵。"老任镇定地回答。"你是干什么的?""我是庙里做饭的。""任显宝在哪儿?""他进城去了。"老任答完话,忽然看见八里庄警备段的李巡官也站在人群中。李巡官听着双方的对话,微微地皱了一下眉头,并没有指出"李贵"就是任显宝。

气势汹汹的便衣特务闯进屋,翻箱倒柜搜查了半天,没发现可疑的物件，就对老任说："跟我们走一趟吧，抓到了任显宝就放你。"

老任被押出庙门，庙墙四周全是警察和自卫队。他们如临大敌，个个手持火枪，一柄柄刺刀在暗夜里闪着寒光。任显宝毫不畏惧，边走边想：莫非被他们抓住了什么证据，还是有叛徒出卖？……不管如何，现在是考验自己的时候到了。

老任被推进一辆吉普车，送到了嘉兴寺。一进门，一个姓梁的家伙就喊起来："就是他！他就是任显宝！"特务们一个个火冒三丈，飞步拥上来，对老任一阵拳打脚踢，还不停地破口大骂："你这狗东西！你为什么说谎？""你让我们冻了一宿，回去再算账！"

特务们将任显宝的双手紧紧地铐起来，把他押送到刑事警官队。这时，天将破晓，寒气逼人，狂风吹在身上像针扎一样。那帮毫无人性的豺狼，剥掉老任的棉衣，直打得他鼻青脸肿，口吐鲜血，才扬长而去。

任显宝赤身露体躺在牢房冰凉阴湿的土地上。他遍体鳞伤，浑身疼痛，手脚都要冻僵了，但他头脑非常清醒。他想起在解放区受到的党的教育：一个共产党员要严守党的秘密，无论在什么情况下，都要保持崇高的革命气节。为了共产主义的崇高理想，不惜牺牲自己的生命。他惦记着白塔庵的战友们，他们是不是也遇到了危险？

在任显宝被抓走的时候，高世五躲起来没被特务发现；振山、振江出门办事没有回来；只有高世五的老伴王景芳带着振海和振河在西配殿睡觉。特务们闯进屋来，举枪威吓说："任显宝哪儿去了？"王景芳沉着回答："听说进城去了。"特务们搜索了一阵，便窜出了庙门。

时近午夜，振山和振江回来了。听说老任被抓走了，都十分焦急。

第二天，高振山早早地起了床，独自走出庙门。他巡视一下四周，见没有人影，就迅速用粉笔把庙门东墙上白灰画的一个开口的圆圈封了口，画成了一个整圆。这是警戒信号，告诉前来联系工作的同志：庙里有危险，不能靠近！高振山画好了信号，仍然焦虑地拧着眉头在寒风中徘徊：任师傅被抓到哪儿去了？老任那淳朴憨厚的面容又出现在他的眼前，就像给他讲阶级压迫的道理时一样，就像告诉他上级批准他入党时一样。多少往事涌入了脑海。任显宝和李镇同志让他去下村送信的事，还清晰地镌刻在他的记忆里。那一次，老任还表扬了他，说他能动脑筋，安全、顺利地完成了一项重要任务。当时老任那高兴的样子，至今还历历在目。

高振山边回忆边迈进庙门。他对迎上来的高世五说：应当快点想办法，把任师傅救出来。

这一天，高世五和郭荣等几名党员，开了闪电式的支部会。大家商定：在没接到上级指示以前，要谨慎镇定，提高警惕，要探听任显宝同志的下落，千方百计组织营救。

白塔庵周围的老百姓听说任师傅被逮走了，都非常焦急。大家纷纷议论起老任的好处来：

"任师傅可是好人呀！平时咱借个农具，请他办点事，他是有求必应啊！"

"咱穷人家办丧事，请任和尚念经超度，哪儿叫到哪儿去，钱不要，饭不吃。为什么抓这么好的出家人呀！"

"有一次，我们家断了粮，揭不开锅。还是任先生送来二斤棒子面，救了急。我到如今还没还人家哩！"

也有人提任先生帮助和改造"臭鱼头"的故事。说："臭鱼头过去也是见了老百姓就搂不住火儿，总是骂骂咧咧的。还不是任先生开导他，这阵子变成顺毛驴儿了，见面还打个招呼，大娘长大娘短地扯上两句。"

原来这"臭鱼头"是保公所的一名保丁，因为他爱吃鱼，大家厌恶他，就给他取了这个绰号。他经常夹着户口簿子挨门串户查户口，也常到白塔庵来转一转。任显宝了解到他也是穷苦人出身，干保丁完全是为了混口饭吃，就决心教育改造他。有一次，臭鱼头不知受了谁的气，骂骂咧咧闯进庙来，把户口簿往桌子上一摔，骂道："这年头，真没有咱爷儿们的活路，这是什么世道！"老任热情地招呼他坐下，劝道："老总，别发火儿。有个朋友丢在我这儿一瓶酒，请你喝二两，消消气。"说罢，提来一瓶白干，又端来一碟菜，摆在桌上。臭鱼头也不客气，就边喝边与老任聊起天来。临走时，他拍着老任的肩膀，伸出大拇指，说："任先生，够朋友，真够朋友！"

过了几天，臭鱼头又溜到庙里来，找到老任央求说："任先生，我内当家的坐月子，手头紧。您行行好，帮点忙吧！"老任就把平时攒的几斤白面拿出来，还有几个鸡蛋和一包红糖一块儿送给他。臭鱼头看到这些东西，不由得眼睛湿润了，趴下就磕头，还不住地说："谢谢，谢谢任先生。"老任把他搀起来，对他说："咱们是穷人帮穷人，将心比心。这年头，哪家过日子没有沟沟坎坎的。不过，我倒有句忠言相告，你以后要多做点好事，别跟着保里那帮人一样胡干。"臭鱼头听了，感动地说："我是为了混个肚儿饱，才去当这份差。您放心，我绝不会昧着良心去做亏心事。"

从此，臭鱼头有了很大转变，再没看到他在老百姓面前耍威风。虽然还经常夹着户口簿子到处转悠，但办起事来也是马马虎虎，睁一只眼闭一只眼。

其实，任显宝不仅做臭鱼头的工作，他还把住在保公所的自卫队员王忠禄争取过来了，使他成为地下党在保公所的一条内线。在任显宝被捕前的几天，王忠禄觉察出保长郑少清突然忙碌起来，不断接待一些来历不明的客人。自卫队还搞了一次夜间演习，好像为什么行动作准备，他便留心进行观察。晚上，一个自卫队员悄悄对他说："听说要抓人了。"王忠禄装作好奇地问："要抓谁？""你可别说出去，大概是要抓白塔庵那个和尚。"王忠禄暗暗吃了一惊，便琢磨着抽空去送信。第二天天还没亮，他偷偷地溜出了保公所。刚出门不远，就被巡逻的班长叫了回来，挨了一顿训斥以后，因为"违反纪律，擅自外出"被关了三天禁闭。正是在那天夜里，任显宝同志被抓进了刑事警官队。

警官队抓走了任和尚，八里庄警备段的李巡官非常懊丧。他对段里的警察说："八路军披上袈裟，在咱眼皮底下晃了几年，咱也没识别出来。现在，挺好的一盘肉，白白让人家给端走了。"他贼心不死，就派人到白塔庵进行监视。但他枉费心机，庙门东墙上的封口白圈已经发出了报警的信号，前来联系工作的地下党员们，早就采取了措施。警察在白塔庵鬼鬼祟祟地活动了几天，没有捞到什么，只好撤走了。

在刑事警官队的囚牢里，任显宝同志披着中式对襟黑棉袄，刚刚闭眼打了个盹儿，就被特务喊起来，拖着沉重的脚镣走进了审讯室。

他在一个大方脸的审讯官的桌前站定，瞥了一下旁边手执木棒的四五个打手，准备接受新的考验。"大方脸"张牙舞爪地开了腔："你叫什么名字？""任显宝。""你是共产党，专给八路军走情报的。你说，你怎么跟共产党联系？""菩萨保佑，我是看庙的，不是共产党。""大方脸"不等他说完，猛地拍了一下桌子，吼道："浑蛋！你还不说实话！把他拉出去！"打手们一拥而上，先是一顿棍棒，又把老任拉到门外，剥掉棉衣，按倒在早已准备好的长凳上，问："你是不是共产党？"老任咬紧牙关，答道："不是。""你有电台，有枪，都藏在哪儿？"听到这几句讯问，老任心里有了底，敌人根本不知道自己的底细。他们是连唬带诈，骗取口供。于是他不再答话了。特务们恼羞成怒，又是灌辣椒水，又是压杠子，把老任折磨得晕了过去。

任显宝同志被关在一间单人囚室里。他疼痛难忍，冻饿煎熬，根本无法入睡。他的心又飞到白塔庵，想起在寂静的寺院里那些紧张战斗的场面。

他曾在星月无光的夜晚，与伙伴们一起，摸黑割断城根铁道沿路的电线，搅得敌人昼夜不得安宁。

他曾经在西直门关厢的粪场工人中间，访贫问苦，启发他们的阶级觉悟，控诉粪霸压榨工人的行径，点燃反抗剥削的斗争火焰。

他曾经带着年轻的共产党员高振江，在无数个深夜和黎明，把"反对物价上涨！""打倒国民党反动派！""美帝国主义滚出中国去！""中国共产党万岁！"等标语和传单，张贴在动物园围墙、阜成门城门洞、五塔寺的院墙和西直门外的大街上，把解放战争胜利的消息，带给渴望解放的西郊人民。

他曾经多次为那些不知姓名的同志带路，把他们从豺狼横行的北平城里接出来，又送到阳光灿烂的平西根据地去，为解放这座古城积蓄革命力量。

他曾经在紧急危难的日子里，掩护过战斗在敌人心脏里的共产党员领导干部，帮助他们躲过国民党军警的搜查和追捕。半年以前，北平地下党"平委"副书记苏一夫同志，曾在白塔庵隐蔽过三个多月。有一天，不巧老苏被查户口的臭鱼头撞见，他小声问："任先生，这位是谁？"老任从容地回答："这是我兄弟。"臭鱼头笑了笑，并没有出卖朋友。

任显宝想起他的战友杜宏禄同志和他的直接领导人——平委分工领导郊区菜园斗争的魏立人同志。老魏住在中法大学，几乎每周都要到白塔庵一次，向老任传达上级指示，布置工作任务，了解斗争情况。现在，老魏在哪里？斗争在怎样继续进行着？他多么盼望冲出牢笼，和同志们并肩战斗啊！

任显宝同志从敌人审讯中揣测出来,特务们并没有掌握他进行革命斗争的情况。他决定绝食三天,抗议国民党反动派对他实施的残酷迫害。

任显宝同志以极大的革命毅力,度过了这毁人肌肤的难耐的但却是英雄的光荣的三天。

审讯又开始了。满脸络腮胡子的审讯官旁边,坐着一个妖冶的年轻女人。她又是端茶又是递烟,还扭动着腰肢在老任面前擦过,散发出一股刺鼻的香气。老任气不可耐,说道:"在出家人面前这么胡闹,真是罪过呀,罪过!"这个寡廉鲜耻的女人,竟然坐在老任身旁,嗲声奶调地讯问起来:"你是不是共产党?招了,有你的好处。"说罢,还用腿拱一拱任和尚。老任气炸了肺,站起来,抄起桌上的茶杯,"砰"的一声,摔碎在女人的脚下!那妖精尖叫一声,躲到"络腮胡子"身后去了。络腮胡子暴跳如雷,怒吼起来:"浑蛋!把他拉下去!"

多少次刑讯过去了,各种卑劣、残暴和欺诈手段都用过了,任显宝同志在敌人面前没有吐露一个字。特务们没有丝毫证据,又无计可施,只得宣布无罪释放。

10个月漫长的铁窗生涯,严重地损坏了老任的身体,却也磨炼了他坚强的革命意志。在解放大军隆隆的炮声震动了北平城的时候,任显宝同志获得了自由。他终于又见到了他的直接领导者魏立人同志,又回到了党的怀抱。没过几天,按照上级的指示,他又继续投入了解放北平城的新的战斗。

参考书目

1. 蒋一葵.长安客话.北京：北京出版社，1960.

2. 刘侗、于奕正.帝京景物略.北京：北京出版社，1963.

3. 于敏中等.日下旧文考.北京：北京古籍出版社，1981.

4. 王原祁等.万寿盛典初集//文渊阁四库全书.台湾商务印书馆.1986.

5. 张宜泉、高鹗.春柳堂诗稿·高兰墅集.上海：上海古籍出版社，1984.

6. 文庆等.筹办夷务始末//续修四库全书.上海：上海古籍出版社，2002.

7. 翁心存.知止斋诗钞//续修四库全书.上海：上海古籍出版社，2002.

8. 英和.恩福堂诗钞笔记年谱.北京：北京古籍出版社，1991.

9. 祁寯藻. 馕欱亭集 // 续修四库全书. 上海: 上海古籍出版社, 2002.

10. 斌良. 抱冲斋诗集 // 续修四库全书. 上海: 上海古籍出版社, 2002.

11. 斯当东. 英使谒见乾隆纪实. 叶笃义译. 上海: 上海书店出版社, 2005.

12. 张宝章主编. 北京市海淀区志. 北京: 北京出版社, 2004.

13. 张福森主编, 中关村改革风云纪事, 北京: 科学出版社, 2008.

14. 张炜主编. 海淀园资料汇编. 2007年中关村科技园区海淀园内部资料.

15. 王珍明主编. 海淀古镇风物志略. 北京: 学苑出版社, 2000.

16. 翟小菊主编. 颐和园志. 北京: 北京出版社, 2004.

17. 岳升阳. 海淀古镇地理环境变迁. 北京: 开明出版社, 2009.

18. 侯仁之. 燕园史话. 北京: 北京大学出版社, 1988.

19. 金启孮. 顾太清与海淀. 北京: 北京出版社, 2000.

20. 金易、沈义羚. 宫女谈往录. 北京: 紫禁城出版社, 1991.

21. 王珍明主编. 海淀文史·商海变迁. 北京: 开明出版社, 2006.

22. 样式雷图文史料. 国家图书馆馆藏.

后　记

  海淀镇，是我真正的家乡。我在这里生活和工作了半个世纪。

  我第一次到海淀镇是在 1949 年春天。那时我在北平西城读高中一年级。学校组织全体同学 300 多人，到西郊"远足"，参观游览颐和园。

  我们整队从学校步行出发，穿过西直门，过了动物园和白石桥，窄窄的残破的柏油路上行人很少，偶尔有一辆驴车，或人力车或三轮摩托车从身边驶过。摩托车斗里挤坐着四五个人，那是去游颐和园或到海淀办事的。中途有魏公村、躺碑庙等破旧小村，只看见一些零星人家。唯一比较像样的建筑是农事试验场，长长的红砖墙内有一座小楼。

  我们的队伍继续前进，时而跑步，时而慢行。眼前突然出现了一座望不到头的巨大的村镇，那便是海淀镇。我们信步前行，边走边观察边议论这座著名的京西大镇。走过镇口北侧的小庙，门前竖起一根高高的旗杆,庙西连着另一座小庙。同班的"老北京"告诉我们:这是双旗杆老爷庙!眼前是一条长长的斜街,两行国槐后边是矮小的住房和商家铺面。在三角地的对过,是一座砖砌覆瓦门楼,门前有一株高耸的古槐,像是大户人家的公馆。过了污浊发臭的泄水湖,房屋变得高大阔气些。斜街尽头往北拐,商店密集,砖房连栋,牌匾古朴,招幌高悬,街筒里顾客不断,这便是西大街。街北头路东"仁和"酒店巍然在目,是卖莲花白酒的名店。店北往东是海淀"小大栅栏"老虎洞,顾客较西大街少得多。绕过清梵寺往北行,路西一片荒凉,那是畅春园的废墟;路东有一溜破房,走过火神庙和一排冰窖,前边就是燕京大学的校园西南角了。

这就是著名的海淀镇。从双关帝庙到冰窖,我们足足走了20多分钟,规模之宏伟,俨然是一座小城市,比我故乡的县城还要大!

我在1958年调到中共海淀区委工作,走进海淀镇原德贝子园大门;后来在同一大院的区政府、区政协工作了40余年,直到2001年区机关迁址到长春桥为止。

我目睹和亲历了新中国成立后半个世纪海淀古镇的巨变。它从解放时的破败萧条,经过改造重建,成为海淀区的行政中心。在改革开放以后,镇东诞生了电子一条街,建立了北京新技术产业开发试验区,又成为中关村科技园区的核心区。21世纪初以"中关村西区"的名义进行规划设计,将镇东部旧房全部拆除(书中所用照片多是本人和袁维之于此时拍摄的),在51公顷范围内新建起几十座设计新颖、雄伟壮观的新楼,建筑面积150万平方米,使古老的海淀镇经历了脱胎换骨的改造,已经变成为一座现代化的科技新城,成为北京市乃至全国的科技金融贸易中心,被称为"中国的硅谷"。

我从住进海淀镇的那天起,便被它那悠久的历史和风云人物所吸引,从各种渠道探索和了解它的历史真貌和发生在镇上的重要事件、镇上街市建筑的演变以及居民的喜怒哀乐。我到国家图书馆查阅样式雷图文档案里雷氏祖居的确切地点和建筑布局;到国家图书馆的《四库全书》里,寻觅康熙六旬万寿节海淀镇祝寿点景布置的实景绘图;首都图书馆北京地方文献中心帮我搜寻到畅春园冰窖在康熙年间改建的原始档案资料;我登门向历史地理学大师侯仁之院士请教,听他讲述海淀台地和巴沟低地与海淀镇形成的关系,以及他居住在军机处与斯诺为邻时的逸闻趣事;在医院的病床上,听世居海淀的沈姓老人描述泄水湖的变迁和在"吉祥院"审讯巴夏礼的旧闻;在低矮的房舍里,听刘老师绘形绘色地叙述康熙私访海淀镇和大侠杨香武的传说;我到善缘桥养老院拜访年老多病的公安战线离休干部任显宝,听他缓缓地叙说自己在狱中与国民党特务英勇斗争时那些惊心动魄的细节。我还在工作之余到每条胡同闲逛,考察悠久的历史在街巷建筑和隐蔽的角落留下的点滴痕迹;我与文物所的专家仔细观察假山青岩上的字迹,希图发现园林的修建年代或有关园主人的蛛丝马迹。我深知,哪怕是块断碑或残破小亭,也可能隐藏着不为人知的历史事件或一段悲欢离合的故事。

60年的亲历目睹，60年的阅读探究，60年的踏勘访古，形成了我心目中的海淀古镇。我在这本书里，向尊敬的读者们轮廓性地诉说我的粗浅认识，希望与大家交流对这座京西名镇的印象。谬误之处，敬请指正。

　　这本小书的写作和出版，得到了北京市地方志编纂委员会常务副主任兼《京华通览》丛书主编段柄仁同志，北京市地方志办公室谭烈飞、罗保平、刘宗永和北京出版社安东、于虹，以及王岩等同志的指导和帮助；还得到我的众多文友许云、胥天寿、张有信、袁维之、陆锡泰、王炜、张威、陈新、陈芳、向华、田蕾、严文珊、吕莉萍等同志多方面的支持和帮助。书中所用照片多是本人和袁维之于2000年前后拍摄的；其他图片或出于北京故宫博物院之珍藏，或出于图书馆馆藏，或出于国家图书馆的《四库全书》，在此一并致谢。我向所有对撰写和出版此书给予帮助的领导、专家和朋友们，表示深深的谢意。

作　者
2017年11月